Institutiones Pænitentiæ Oratorii B. Jesu

PRIVILEGE DV ROY.

OVIS PAR LA GRACE DE DIEV ROY DE FRANCE ET DE
Nauarre, a nos amez & feaux Conseillers les Gens tenans nos Cours de
Parlement à Paris, Rouen, Thoulouze, Bordeaux, Dijon, Aix, Grenoble
& Rennes, Maistres des Requestes ordinaires de nostre Hostel, Baillifs,
Seneschaux, Preuosts ou leurs Lieutenans à Lyon, Poictiers, Orleans, Bourges, An-
gers & tous autres qu'il appartiédra, salut. Nostre bien aymé Pierre Firens, Graueur
& Imprimeur en taille douce & Marchand Imagier à Paris, nous a tres-humble-
mēt faict remóstrer qu'il auroit recouuert vn *Traicté des Armes & Blasons de la royalle
Maison de Bourbon & de ses alliāees, recerchees par le sieur de la Roque*, & par luy redigees
en ordre pour estre mises en placart ou en Liure, ainsi que chacū trouuera bon estre.
Lequel Traicté ledit Firēs seroit volótiers imprimer & mettre en lumiere en ladite
forme & maniere, mais il crainct qu'apres auoir long-temps trauaillé en la taille &
graueure desdites Armes, & faict les frais & despens qu'il luy cóuient faire en l'im-
pressió dudit Traicté sans auoir sur ce nos Lettres de Priuilege, quelque autre entreprist de faire tailler les mesmes Armes, les faire imprimer & exposer en vente, qui
seroit le frustrer entierement des fruicts de son labeur : Requetant humblement
lesdites Lettres en tel car requis & accoustumez. A ces causes desirans faire iouyr
ledit exposant des fruicts de son trauail & recouurement des frais qu'il luy cóuient
faire en la taille desdites Armes & impression : Auons à iceluy exposant permis &
octroyé, permettons & octroyons par ces presentes de grace speciale de tailler &
grauer lesdites Armes, les imprimer & faire imprimer auec les discours & narratiós
necessaires pour l'esclaircissement & intelligence d'icelles, & ce tant de fois & en
tel volume & caractere que bon luy semblera, & disposer ledit Traicté en vente, le
vendre & distribuer par tous les lieux & endroicts de cettuy nostre Royaume, pendant le temps de neuf ans entiers & accomplis, commençant du iour & datte que la
premiere impression sera acheuee, sans que pendant ledit temps aucuns Graueurs
en taille douce, Libraires & Imprimeurs, Imagiers ou autres puissent grauer, imprimer ou faire imprimer ledit Traicté, n'y iceluy vendre ny distribuer. Dont nous
leur faisons tres-expresses inhibitions & deffences sur peine de mil liures d'amende
applicable moitié à nous & moitié à la partie interessee, despens, dommages & in-
terests dudit exposant & de confiscation des exemplaires qui se trouueront d'autre
taille & impression que dudit Firens Si voulons & vous mandons par ces presentes
& à chacun de vous qu'il appartiendra, que du contenu cy-dessus vous faciez, souf-
friez, & laissiez iouyr & vser plainement & paisiblement ledit exposant sans souf-
frir ny permettre qu'il luy soit faict, mis ou donné aucun trouble ou empeschement
au contraire, lequel si faict, mis ou donné luy auoir esté faictes, le reparer & remet-
tre au premier estat & deub, & à ce faire contraignez & faictes contraindre tous
ceux qu'il appartiendra par toutes voyes deuës & raisonnables, nonobstant oppo-
sitions ou appellations quelconques, faictes ou à faire, & sans preiudice d'icelles,
pour lesquelles ne voulons estre differé, clameur de Haro, Chartre Normande &
Priuileges de Lettres a ce contraires, à la charge toutefois d'en mettre deux exemplaires en nostre Bibliotecque, à peyne d'estre descheu de l'effect de nostre presente
grace : Et pource que de ces presentes les pourra auoir affaire en plusieurs & diuers
lieux. Nous voulons qu'au vidimus d'icelles faictes soubs le seel Royal, ou colla-
tionnees par l'vn de nos amez & feaux Conseillers, Notaires & Secretaires foy soit
adioustee comme au present Original: Car tel est nostre plaisir. Donné à Paris le 13.
iour de Mars, l'an de grace 1625. & de nostre regne le quinziesme.

Signé, LOVIS.   Par le Roy,   PHELIPEAVX.

Acheué d'imprimer le quatriesme Auril mil six cents vingt six.

AV TRESCHRESTIEN
ROY DE FRANCE
ET DE NAVARRE,
LOVYS XIII. DV NOM.

SIRE,

Les Roys & Princes estrangers tant anciens que regnants en ce siecle, se sont attribuez parmy l'eslection de leurs Blasons des marques de gloire, pour representer ou la grandeur de leurs souue-rainetez, ou la merueille de leurs actiõs passees. Dauid Roy & Prophete porta non seulement vn escu d'azur au Lyon d'or de sa descente de la Tribu Royalle, mais encore d'argent à la fonde d'azur chargée d'vne Pierre d'or, apres la deffaicte du Geanth Goliath, & d'azur à la Harpe d'or montee de cordes d'argent en perpe-tuelle memoire du soulagement qu'il donna à Saül : Samson pour signifier sa force à combatre les animaux, & en suitte de sa victoire sur les Philistins, prist de gueules au Lyon gisant d'or à la bordure d'argent chargee d'Abeilles de sable : Gedeon victorieux des Madianites de sable à la la Toyson d'argent au chef d'a-zur chargé de larmes d'argent, & le Prince Iudas Machabee d'or au Basilic de sable, couronné & membré de gueules, pour signifier au naïf la resistance qu'il fist à Antiochus : Ainsi les Roys d'Angleterre & de Dannemarch portent des Leo-pards ; Indice de la varieté de leurs passions guerrieres : Ceux d'Escosse, Boheme, Leon, Gothie, Noruerge & Æthiopie des Lyons accompagnez de diuerses De-nises, pour declarer la Noblesse de leur cholere. Les Princes des pays Bas choisi-rent d'vn commun consentement des Lyons diuersement tymbrez, s'estant croisez en faueur de la Palestine pour y trouuer le Lyon victorieux de Iuda : Les Roys de Castille ont pris des Chasteaux pour Idee de leurs forteresses ; ceux d'Arragon

& de   â

& de Maiorque des paulx pour faire paroistre l'appuy de leurs entreprises: ceux de Poloigne vne Aigle volante pour faire voir qu'ils n'ont que le Ciel pour limittes; ceux de Suede & de Medie des Diademes pour exprimer leurs puissance, ceux d'Indie des beZans, pour donner à entendre qu'ils possedent des Mines; ceux de Cathay des testes de More pour estonner les estrangers, les Princes Ottomans des Croissans symbole de l'ambition de leurs conquestes; les Pharaons d'Egypte portoient antiennement des Serpents, pretendants faire cognoistre par le naturel de cét animal qui rampe sur la terre, l'estenduë de leur domination; les Potentats de Babylone des Estendarts pour hieroglisique de leur antienne & belliqueuse Monarchie: Et les Roys vos predecesseurs, SIRE (estimeZ par S. Gregoire en l'Epistre qu'il addresse au Roy Childebert autant nobles par dessus la communauté des Roys, que la Majesté Royalle est exaltée par dessus le commun des hommes) se sont par vn diuin instinct arrestez à la fleur des champs; puis qu'il est dit aux Cantiques 6. que le bien-aymé Espoux de l'Eglise, dont vous estes le fils aisné, faict sa retraicte parmy les Lys qui representent autant naïfuement la grandeur asseuree de vostre Estat au milieu de la clemence & debonnaireté, que les Blasons des autres Princes sont figures asseurees de leur orgueil, vengeance & instabilité: Qui pourroit desnier le los & l'honneur qui est deub à ceste fleur, puis qu'elle a esté estimee en degré d'excellence & de perfection, par celuy qui de l'Oracle de Dieu a esté reputé le plus sage des Roys: Fleur qui embaume ceux qui la fleurent, neantmoins armee d'essines & deffences, pour poinctiller ceux qui hostillement s'en approchent: fleur qui se communicque vniuersellement sans acception des personnes, puis qu'elle coist non au milieu des parterres mureZ, mais au milieu des champs; Lys des vallees en facilité d'acceZ, & par consequent voisin des montaignes d'vne authorité souueraine qui releue immediatement de Dieu: Lys qui a seruy de Chapiteau & de Diademe aux Colomnes du Temple que le Seigneur ordonna luy estre dedié, & qui est, SIRE, inseparable de vostre Throsne, puis qu'il compose les fleurons qui ceignent vostre chef; bref c'est vn Lys qui contient en son Tige la Royalle Maison de Bourbon, & qui à iuste tiltre peut estre range sous la protection de vostre Majesté au milieu de vos deux puissantes Couronnes à l'vmbre des Lauriers de vos victoires, qui le guarantiront du foudre de l'enuie, le rendant tousiours pullullant dans le verd d'vn eternel Primtemps. C'est sur cecy que i'estendray mes vœux (apres auoir imploré la faueur du Tout-puissant sur le bon-heur de vostre reigne) accompaignez de l'hommage de celuy qui est,

SIRE,

Vostre tres-humble, tres-fidelle & tres-
obeïssant seruiteur & suiet,
DE LA ROCQVE.

ā ij

AVANT-PROPOS SVR
l'Antiquité & premiere inuention
des Armoiries.

LES Armoiries sont figures & deuises qui ont emprunté leur Nom des Armes, en consideration qu'elles sont representees sur les escus cottez & enseignes de Guerre, & sont les marques singulieres de Noblesse, puisque comme disoit Cesar, il n'y a point d'autre vertu que la guerriere, aussi il n'y a point d'autre perfection qui annoblisse l'homme, laquelle opinion est conforme aux mœurs des Scythes & Lydiens, qui chasserent d'entr'eux toutes sortes d'Arts & disciplines iusques à establir des deffences tres-expresses d'en apprendre aucune, sinon la militaire. Les Perses, Grecs, Romains, Germains & antiens Gaulois, ont esté partisans des mesmes intentions, estimants tout exercice mechanique horsmis celuy des Armes par eux reputé de tout temps essentiel auec la Noblesse. Quant aux Perses, l'exemple de Pythius, Bithinius tant renommé pour ces richesses, confirmera ce qui est aduancé; car encores que ce Pere plus soucieux du contentement de son fils que de sa gloire, eust rendu à Xerces tous les offices loüables en vn sujet pour s'acquerir la grace de son Prince, comme d'auoir nourry quelques iours ceste populeuse Armée composee de douze cents mille hommes qu'il dressa contre les Grecs, l'auoir gratifié d'excessiues finances, & luy auoir fourny des munitions de bled pour cinq mois ; neantmoins lors que pour recompense il supplia le Roy qu'il luy pleust dispenser son fils de la suitte de l'Armée : il perdit en vn moment le fruict & le merite de tant de recommandables biens-faicts: Mais irrita de telle sorte le courage de ce Prince, qu'il fist arrester son fils, & ordonna que son corps fust tranché en deux parties, & exposé aux deux costez du passage de l'Armée, presumant que celuy-là ne meritoit plus viure, qui par lascheté auoit perdu l'honneur. Les Grecs aussi au rapport d'Vlpian sur Demosthenes, establirent vne action contre ceux qui auoient manqué de se faire enrooller au registre de la Guerre, dans le iour qui auoit esté signifié

par

par le Herault & Trompette public, & l'issuë s'en terminoit à la mort
comme peu s'en fallut, qu'Epaminondas ne l'encourust pour s'estre ar-
resté stable en sa maison tandis que ceux de sa nation estoient occuppés
en la Guerre, non pour lascheté qui residast en luy, car sa valeur estoit
trop recogneuë, mais pour ne l'auoir daigné employer au secours du
païs de sa naissance. Entre les Romains Auguste, est introduit parler dedans Dion contre ceux qui degenerans de la Noblesse de leurs deuan-
ciers demeuroient languides spectateurs des miseres de leur Patrie, *Mi-*
ro modo vestrum causa affectus sum, ô vos quos nescio quo nomine compellem viro-
rum? At virile nihil exhibetis, Ciuium? at quantum in vobis situm est perit Ciui-
tas Romanorum atqui hoc nomen vestra nequitia destruere intenditis & in mu-
liebri crocinaque tunica famulantes sedentesque cum lana inter ancillulas, car de
les appeller hommes, il semble que la mollesse de leur courage les en
rende indignes n'ayans confusion de demeurer asseruis aux delices de
leurs maisons, pendant que les autres exposent leurs vies pour le salut
& conseruation de leur païs Et Ciceron parlant au Senat de Rome pour
vn accusé qui assistoit au iugement de sa cause, sousleua sa robbe, exposant les playes qu'il auoit receuës pour la deffence de la Republique, fai-
sant par tel moyen plus de force aux yeux qu'aux oreilles des assistans.
Les loix ont tousiours couru auec seuerité & rigueur sus ceste
lascheté: Vlpian en fournit vn tesmoignage euident en la loy, *Qui*
cum vno §. grauius ff. de re milit. disant: *Grauius esse detrectare munus mili-*
tiæ quam contra ius affectare & ideo qui olim ad edictû non respondebant vt pro-
ditores libertatis in seruitutem redigebantur, voulant dire que bien que ce
fust vn vray brigandage, non vne milice ou hostilité, que d'affecter vne
guerre iniuste & sans occasion; que c'estoit toutesfois vn tres-enorme
crime que de refuser le trauail de la Guerre, quand elle estoit entreprise pour le seruice de la Patrie: Et que partant ceux qui s'excitoient au
chant du Coq, & deuenoient sourds au son de la Trompette, de peur
d'endosser les armes: en telle occasion estoient rendus serfs & esclaues
comme indignes de la liberté qu'ils n'auroient voulu deffendre. Quelquefois la peine en estoit plus rigoureuse selon que la necessité des affai-
res pressoit: Comme dit Tite Liue (liu. 7.) *Acerbitas in delectu non damno*
modo ciuium sed etiam laceratione corporum lata vingis cæsis qui ad nomina non
respondissent inuisa erat, ainsi que Pomponius Strab. semble l'auoir expe-
rimenté apres sa mort: le peuple plein de rage & de fureur, ayant de-
couppé son corps en mille pieces, parce que durant la guerre de Cinna il
n'auoit daigné secourir sa Patrie. Ie viens aux Germains, & aux antiens

A ij   Gaulois

[illegible]

[illegible] dans [illegible]

[illegible] Chose [illegible]

[illegible] langue Latine, depuis quelque temps on se sert de [illegible]

[illegible]

[illegible]

[illegible]

[illegible]

[illegible] la Concorde [illegible]

[illegible]

[illegible]

[illegible]

[illegible]

[illegible]

[illegible] la Grece [illegible]

[illegible]

[illegible]

[illegible]

[illegible]

[illegible] avant de [illegible]

[illegible] Commun, & sa maniere

[illegible]

Gaulois freres de mœurs, comme a escrit Cesar, lesquels n'ont eu be-
soing d'vser entr'eux d'vne telle rigueur pour s'exciter à leur deuoir, car
cessant la priuation de liberté abandon du corps, pour estre mis en pieces, confiscations & subhastations de biens, comme il est touché par
Valere le Grand & autres Historiens, ils se sont rendus par leurs faicts
d'Armes la terreur de la terre habitable ; ne presumans iamais que par
deffaut de courage ou d'affection, aucun d'entr'eux deust refuir le labeur de la Guerre : de sorte qu'aduenant qu'aucun se trouuast absent, ils
se persuadoient que ce n'estoit pour lascheté, mais pour autre occasion
digne de telle absence, aussi ils ne le condamnoient qu'à vne amende qu'ils appelloient *Bannum*, ainsi que Gregoire de Tours le declare
liure 7. disant *Edictum à iudicibus datum est vt qui in hac expeditione tardi fue-*
rant banno damnarentur, ce qui est exprimé plus amplement par les loix
Capit. de Charlemaigne, *Tit.* 40. liu. 4. Les François en suitte de l'antien peuple des Gaules, ont logé toutes les vertus en la valeur, estimants
que l'homme ne valloit qu'à proportion qu'il estoit vaillant : & puisque
les peuples plus renommez ne se sont rendus Nobles que par leurs conquestes : Il estoit expedient qu'ils choisissent les Armes pour marque de
la gloire qu'ils auoient acquise. L'inuention des Escus, Armoriez est
declarée en l'Epitome de Dion, qui faict mention que Iulian Lieutenant de l'Empereur Domitian, entreprenant la guerre contre les Daces,
ordonna à ses soldats faire imprimer sur leurs Boucliers (qui tiennent
lieu d'Armes deffensiues) leurs noms & ceux de leurs Centeniers, afin
que la maniere en laquelle vn chacun se seroit comporté fust recogneuë. Et suiuant l'opinion d'Herodote, les Cariens peuple d'Asie,
furent inuenteurs de tymbrer leurs Pauois d'Armoiries ; les autres en
attribuent l'honneur aux Pictes, ainsi nommez pour les Armes peintes
qu'ils portoient au combat ; & parce que les Assyriens n'alloient iamais
aux allarmes qu'ils ne fussent garnis de quelque figure, & que parmy
eux la Monarchie a esté premierement establie du temps de Nembroth;
beaucoup sont d'auis que les Blasons procedent de leur inuention. Les
Bretons les cogneurent plutost que les Armes, car on dit qu'allants nuds
en la guerre, ils se contentoient d'armer leurs poictrines de figures &
blasons de diuerses couleurs. Les Israëlites estans diuisez en douze Tri-
bus ou lignees, ordonnerent que chacune portast son Armoirie pour
mieux se distinguer : Celle de Iuda portoit en champ de Pourpre vn
Lyon d'or, armé & lampassé d'argent : Celle de Ruben, vn Escu champé
de sinople à la figure d'vn homme tymbree d'or : Celle de Gad d'azur au
B   Chien

[illegible]

Chien rampant d'argent, armé, onglé, & l'ampaſſé de pourpre : Aſſer d'or au Chevreau paſſant de pourpre : Nephtalim d'argent au Cerf paſſant de ſinople, ſommé de ſix cors d'azur & onglé de meſme : Manaſſez de ſinople à vn Agneau couchant d'argent : Simeon d'or au Cheual effrayé de ſable : Leui d'azur au Taureau furieux d'or armé de pourpre : Iſachar de gueules, à vne Aſneſſe paſſante d'argent : Zabulon de ſable au Chameau paſſant d'argent : Ioſeph d'azur à vn Aigle eſployé d'argent, becqué & membré de ſinople : Benjamin d'argent au Loup rampant d'azur, armé & lampaſſé de gueules. Ioſué portoit d'azur au ſoleil d'or : Hercules d'or au Lyon de gueules couronné d'vne couronne murale de ſinople, tenant de ſes pattes vne hache d'armes de ſable; aucuns luy ont attribué vn eſcu d'or à vn Hydre de ſinople accompagné de ſerpents de ſable, leſquelles armes ont eſté portees par Auentin ſon fils.

——————— ———— Satus Hercule pulchro

Pulcher Auentinus, clypeoque inſigne paternum,
Centum Angues, cinctamque gerit Serpentibus Hydram.

Dans Virgile. Anubis portoit d'argent au Chien rampant de pourpre accolé d'or & bouclé d'azur : Macedon d'or au Loup rampant de ſable : Oſiris leur Pere de pourpre à vn ſceptre royal d'or pery en pal chargé d'vn œil d'azur (les armes n'eſtoient encore arreſtees aux familles) Semiramis femme de Ninus portoit de ſinople à vne Colombe d'argent : Les Perſes d'azur à vn Archer d'or, autres diſent d'azur au faiſeau de fleſches d'or lié de ſable, & encore de ſinople au Centaure paſſant d'or, & d'azur à vne harpie rampante d'or : Les Parthes de pourpre au vol d'argent pery en contrebande du depuis de gueules à deux Hienes rampantes affrontees d'argent, & ſelon quelques vns d'argent au Leopard de ſable. Les Troyens ont porté d'or à la Truye paſſante de pourpre, & du depuis d'azur à vne Minerue d'argent : Les Atheniens d'or à vne cheueſche de ſable, & du depuis d'azur à vn Neptune d'argent : Les Sparthes d'argent à vn A. de ſable : Les Meſſeniens de pourpre à vn M. d'argent. Alexandre le Grand portoit d'argent au Lyon de pourpre couronné, armé, & lampaſſé d'or ſouſtenu d'vne Guiure d'azur à l'Iſſant de gueules, lequel blaſon eſtoit fondé ſur la phantaiſie de ſa mere Olympias, laquelle ſe vantoit d'auoir eſté cogneuë de Iupiter ſous la forme d'vn Serpent, Voluce qui par preſomptiom ſe qualifieoit deſcendu d'Alexandre fils de Iupiter, portoit pareilles armes, & comme il eſtoit payen, ennemy du nom des Chreſtiens, il deffia en combat ſingulier Othon Vicomte de Milan, qui l'ayant deffaict remporta ce

ARGOMENTO

[illegible]

tymbre pour defpoüille, qui a depuis feruy d'Armoiries aux Vicomtes & Ducs de Milan. Les Roys de Macedoine ont retenu quelque temps vn efcu d'argent à deux cornes de Bouc de fable, & d'argent au Belier d'azur. Le Roy Philippes & Alexandre fon fils, honoroient d'armes & enfeignes. De l'aduis d'Ariftote les Capitaines & foldats qui au milieu des allarmes auoient efté prodigues de leur fang pour l'aduancement de leurs conqueftes. Les Romains ne fe font arreftez à vne feule deuife, car ils ont porté diuers blafons felon la diuerfité des temps : premierement ils ont choifi vn efcu d'argent à la Louue rampante d'azur, du depuis de pourpre, au Minotaure paffant d'or, mais l'efcu d'or à l'Aigle de fable, ou felon les autres l'efcu de pourpre à l'Aigle d'or, a efté le principal & dernier blafon de leur Empire. Pomponius ayãt defconfit vn Capitaine de hauteur prodigieufe, remporta pour trophee la chaifne d'or qu'il portoit à fon col, & au mefme inftant receut le nom de Torquatus auec vn efcu de fable à la chaifne d'or, æquiuocque à ce nom. Macius Valerius, ayant pareillement deffait fon ennemy à la faueur d'vn Corbeau qui demeura lors de fon combat perché fur fon heaume, fe furnomma Coruimus, & tymbra fon bouclier d'or au Corbeau de fable.

Cefar portoit de pourpre à l'Elephant paffant d'argent onglé d'or : quelques vns ont creu que les Roys Gaulois ont porté vn efcu d'or au Lyon de fable que fift tybrer Brennus lors qu'il affiegea le Capitole de Rome. Ratherus reignant en Gaule prift de gueules à trois Crappaux d'argent, Paul Aemile blafonné d'argent à trois Diademes de gueules. Le Roy Clouis changeant d'auis, pareillement de mœurs & de Religion, prift le Ciel en fa ferenité pour champ de fes Armoiries, & le fema de Lys fleurs (qui au recit de fainct Mathieu au chap. 6.) furpaffent fans filer ny labourer les richeffes de Salomon, voire en la magnificence de fon Throfne. Si l'on adjoufte foy à ceux de l'Abbaye de Ioyenual ; cét efcu femé de Fleurs de Lys, fut enuoyé du Ciel ainfi que l'Oriflamme & la fainte Ampoulle : Autres font d'aduis qui fut pris par la reuelation qu'en receut vn pieux Hermite qui la decela à la Royne Clotilde de Bourgongne, où ce fut auec plus de fimilitude parce, que les François fe couronnerent de Lys apres la victoire obtenuë par Clouis contre les Allemands. Le Roy Charles VI. reduifit à trois l'an 1381. l'efcu des fleurs de Lys fans nombre ; ce qu'il fift par myftere pour le fymbole tout diuin que contient ce nombre trinaire. Les Princes de l'Illuftre branche de Bourbon, comme toufiours affectionnez pour le feruice des Roys de France, fuiuirent lors cét ordre de reduction limité par leurs

C   Majeftez

Maiestez, au blaſon de leurs Armes. Le Roy S. Louys donna à ſon fils Robert de France Comte de Clermont & tronc de ceſte branche l'eſcu de France, & pour brizeure vn baſton de gueules pery en bande brochant ſur le tout ; lequel ordre des brizeures a eſté introduit par le Roy Louys le Gros, neantmoins mal praticqué iuſques au reigne de Philippes Auguſte, & de ſon arriere-fils le Roy S. Louys, lequel a eſté recogneu par beaucoup Autheur de ces brizeures, pour diſcerner les aiſnez des puiſnez. Et afin qu'il ſoit cogneu pourquoy la branche de Clermont, a contre la reigle ordinaire changé le ſurnom de ſon Appennage en celuy de Bourbon, tiltre du coſté Maternel, ſans en retenir les armes : Il conuient entendre que l'an 1327. le Roy Charles le Bel voulut ſe reuendicquer la poſſeſſion du Comte de Clermont en Beauuoiſis, baillé en appénage par le Roy ſainct Louys à ſon fils Robert de France, parce qu'iceluy Roy y auoit pris naiſſance ; & de fait il l'obtint de Louys de Clermont fils du Comte Robert, auquel furent baillez en recompenſe, les Comté de la Marche, Seigneuries d'Iſſoudun, ſainct Pierre le Monſtier & Mont ferrand ; & en outre, l'antienne Baronnie de Bourbon fut erigee en Duché & Pairrie de France, ſçauoir l'an 1329. cét eſchange executé. Louys premier Duc de Bourbon & ſa poſterité s'attribuerent le ſurnom de Bourbon delaiſſant celuy de Clermont, & combien que le Roy Philippes ſurnommé de Valois, venu à la Couronne par le treſpas du Roy Charles le Bel, n'eſtimaſt cét eſchange dommageable à l'Eſtat, rendit le Comté de Clermont, repriſt les terres du contr'eſchange, & le ſurnom de Bourbon demeura continué auec les armes de Clermont : autres ſont d'auis qu'il fut pris par conuentions nuptiales comme fiſt Hugues de France III. fils du Roy Henry I. eſpouſant Alix fille & heritiere de Hebert Comte de Vermandois, qui priſt non ſeulement le nom de Vermandois, mais encor les armes, ſçauoir vn eſcu echiquetté d'or & d'azur, & y adjouſta ſeulement pour marque de ſa deſcence vn chef d'azur chargé de cinq fleurs de Lys d'or. Robert de France Comte de Dreux VI. fils du Roy Louys le Gros VII. du Nom, eſpouſant Agnes Comteſſe de Brenne, priſt le nom & les armes de Brenne qui ſont eſchicquettees d'or & d'azur à la bordeure de gueules : Pierre de France V. fils du meſme Roy Loys le Gros, eſpouſant Yſabeau Dame de Courtenay il en priſt le nom, & les armes qui ſont d'or à trois tourteaux de gueules : Robert de France Duc de Bourgongne, l'vn des fils du Roy Robert, priſt les armes de Bourgongne auec l'inueſtiture du Duché. Mais le Roy Philippes Auguſte fiſt vne ordonnance par laquel-

Ie il arresta que les enfans de France, qui du precedent retenoient seulement pareil metail & couleur que leurs Majestez porteroient leurs escus semez de France; ceste difference s'est veuë pratiquee entre les Roys
puisnez de de la I. & I I. race lors que l'Estat se partageoit; & les Princes puisnez de la I I I. Les Roys d'Austrasie portoient vn escu bandé
d'or & d'azur de six pieces : Les Roys de Soissons vn escu eschiquetté
d'or & d'azur : Les Roy d'Aquitaine fuzelé d'or & d'azur sans nombre:
Les Roys d'Orleans d'azur semé de cailloux d'or : Et en suitte de l'Ordonnance du Roy Philippes Auguste, Philippes de France son fils portoit de France sçauoir d'azur semé de fleurs de Lys d'or au lambeau de
gueules de trois pieces. Robert de France Comte d'Artois, fils du Roy
Louys VIII. & frere du Roy S. Louys, portoit de France au lambeau de
gueules de quatre pieces chargé de douze Chasteaux d'or : Alphonse de
France Comte de Poictiers porta de France party de Thoulouse qui est
de gueules à six chasteaux d'or ou de gueules à la croix pommettee d'or,
ayant espousé Ieanne de Thoulouse, fille & heritiere de Raymond quatriesme du nom Comte de Thoulouse : Charles de France Comte
d'Anjou & du Maine : Autre frere de S. Louys porta de France au lambeau de gueules de ;. pieces : Charles de France Comte de Valois fils du
Roy Philippes le Hardy, & frere de Philippes le Bel, portoit semé de
France à la bordeure de gueules : Louys de France Comte d'Eureux : autre frere du Roy Philippes le Bel, portoit semé de France au baston
componné d'argent & de gueules : Philippes de France Comte de Poictiers, fils du Roy Philippes le Bel & frere de Louys Hutin, portoit
semé de France au lambeau de gueules de trois pieces mouuant du chef:
Charles de France Comte de la Marche, autre frere du Roy Louys
Hutin, portoit semé de France à la bordure componnee d'argent & de
gueules : Philippes de France Duc d'Orleans, fils du Roy Philippes dict
de Valois, portoit semé de France au lambeau de gueules de trois pieces:
Louys de France Duc d'Anjou, fils puisné du Roy Iean, portoit de
France à la bordure de gueules : Iean de France Duc de Berry, portoit
de France à la bordure engreslee de gueules ; & Philippes de France
Duc de Bourgongne de France à la bordure componnee d'argent & de
gueules : Louys de France Duc d'Orleans, fils du Roy Charles V. portoit de France au lambeau d'argent de trois pendans: Charles de France
Duc de Guyenne fils du Roy Charles VII. & frere de Louys XI. portoit de France à la bordure engreslee de gueules, & du depuis portoit
vn escu escartelé de France & de Guyenne, François de France Prince
D   Dauphin

Dauphin de Viennois & Duc de Bretaigne, fils aifné du Roy François
I. portoit vn efcu efcartelé au premier & 4. quartier contre efcartelé de
France & de Viennois, au deux & troifiefme contr'efcartelé de France
& de Bretaigne : Charles de France Duc d'Orleans, autre fils du Roy
François I. portoit de France au lambeau d'argent efcartelé de Milan:
François de France Duc d'Alençon, d'Anjou & de Brabant, fils du Roy
Henry II. & frere de François II. Charles IX. & Henry III. fuc-
ceffiuement Roys de France, porta premierement de France à la bordeure de gueules chargée de huiĉt befans d'argent, & lors qu'il fut couronné & faüé Duc de Brabant efcartela de Brabant, & du depuis porta
de France à la bordure de gueules, fçauoir apres l'aduenement de Henry Roy de Pologne à la couronne de France : Charles de Valois Comte
d'Alençon, fils de Charles de France Comte de Valois, porta de France à la bordure de gueules chargée de huiĉt bezans d'argent comme cy-
deffus : Iean d'Orleans Comte d'Angoulefme III. fils de Louys de
France Duc d'Orleans, portoit de France au lambeau d'argent chargé
de trois Croiffants de gueules:Mais pour euidente intelligence du Nom
de Bourbõ, l'Hiftoire remarque que ce nom procede des Archambauds
de Bourbon collaterale de la branche de Bourbon - lancy fi antienne
qu'elle eft demeuree cogneuë dés l'an 959. reignant. Lothaire par tiltre
de l'Abbaye du Bourg de Dols en Berry, faifant mention du Vicomte
Archambaud de Bourbon, lequel efpoufa l'aifnée des filles de Meffire Dreux de Mellou Conneftable de France, de laquelle il eut trois fils
& vne fille; le fils aifné fut Meffire Archambaud Sire de Bourbon : Les
autres deux reftans, Guillaume & Guy:Guillaume Sire de Dampierre en
Champagne efpoufa Marguerite Comteffe de Flandres & de Hainault
II. fille de Baudoüin Empereur de Grece, de luy font defcendus les
Comtes de Flandres, lefquels s'arrefterent au furnom de Flandres, Guy
Seigneur de fainĉt Iuft ne fut marié, & fa terre retourna à la fouche
d'Archambaud l'aifné ou le grand, auquel fucceda Archambaud le
jeune fire ou Baron de Bourbon, qui efpoufa Yoland fille de Guy de
Chaftillon, de laquelle alliance fortirent deux filles Mahaud & Agnes de
Bourbon, mariees à Euldes de Bourgongne Comte de Neuers, & à Iean
de Bourgongne Seigneur de Charolois, l'vn & l'autre fils de Hugues IIII.
du Nom Duc de Bourgõgne, & d'Yolãd de Dreux:De Iean de Bourgongne, & d'Agnes de Bourbon Dame dudit lieu de Bourbon (par partage
fait auec Mahaud fa fœur) defcendit vne fille vnicque Beatrix de Bourgongne & de Bourbon: Dame de Charolois & de Bourbon Princeffe de
D ij   la maifon

[illegible] de Roy François
[illegible] siècle de France
[illegible] Fils du Roy
[illegible] de Albany
[illegible] du Roy
[illegible] Charles [illegible] Henry III. fut
[illegible] Frances in bon.
[illegible]
[illegible]
[illegible]
[illegible]
[illegible] Longs de
[illegible]
[illegible] Bon
[illegible]
[illegible]
[illegible]
[illegible]
[illegible]
[illegible]
[illegible]
[illegible]
[illegible]
[illegible]
[illegible]
[illegible]

la maison de France, comme descenduë du Tige de Robert de France premier Duc de Bourgongne, fils du Roy Robert; elle espousa Robert de France Comte de Clermont dernier des fils du Roy sainct Louys, & prist comme il est representé cy-dessus le Nom de Bourbon, conjoinctement auec les armes qui sont d'or au Lyon de gueules, & à l'Orle de dix cocquilles d'zur.

ADVERTISSEMENT
AV LECTEVR.

NCORE que ceste matiere des blasons de la Maison Royalle de Bourbon ayt esté diuerses fois traitee par des personnes de grand renom: neantmoins ceste entreprise ne pourra desplaire aux curieux si ce n'est aux ennemis & jaloux de la grandeur du Nom des Princes de Bourbon, qui comme Pantheres tenteroient par vn vain effort de s'irriter contre le Tableau de leurs Armes.

LE BLASON DES ARMES DE LA
Royalle Branche de Bourbon, & de ses Alliances.

1. **S**AINCT LOVYS Roy de France IX. du nom, fils & successeur du Roy Lovys VIII. espousa l'an 1234. Marguerite de Prouence fille de Raymond Berenger Comte de Prouence & de Forcalquier, de laquelle alliance sortirent Louys de France qui mourut jeune : Philippes le Hardy Roy de France : Iean Tristan de France Comte de Neuers : Pierre de France Comte d'Alençon le 5. & dernier enfant masle fut Robert de France Comte de Clermont & seigneur de Bourbon qui a donné origine aux Princes des la branche de Bourbon. Le Roy sainct Louys portoit pour Armoiries l'Escu de France, sçauoir d'azur semé de fleurs de Lys d'or, & la Royne son Espouse, portoit semblables armes contre-parties de Prouence qui est d'or au pal de 4. pieces de gueules.

Il changea ceste vie mortelle en l'immortalité bien-heureuse le 25. Aoust l'an 1270. gist à S. Denys, & fut canonisé par le Pape Boniface 8. l'an 1298.

2. **R**Obert de France Comte de Clermont V. fils du Roy S. Louys, & de la Royne Marguerite de Prouēce, espousa l'an 1270. Beatrix de Bourgogne & de Bourbõ, Dame de Charolois, fille vnicque & heritiere de Iean de Bourgongne, aussi seigneur de Chatolois II. fils de Hugues IV. du Nom Duc de Bourgongne, & d'Agnes Dame de Bourbon, fille puisnee d'Archambaud seigneur dudit lieu de Bourbon. Il tymbroit ses Armoiries de France, sçauoir d'azur aux fleurs de lys d'or sans nombre, l'escu brisé d'vn baston de gueules pery en bande brochant sur le tout ; Et la Comtesse sa femme portoit pareilles Armes contreparties ; non de Bourgongne, mais de Bourbon des Armes de sa Mere, qui sont d'or au Lyon de gueules, & à l'orle de 10. cocquilles d'azur; Autres blasonnent seulement 8.

Il rendit son Ame à Dieu le 2. iour de Feurier 1317. Sa sepulture & effigie se remarquent dans l'Eglise des Iacobins de Paris, en la Chappelle de S. Thomas d'Acquin : Et celle de la Dame de Bourbon aux Cordeliers de Champaigue en Bourbonnois, laquelle deceda du precedent sçauoir le premier Octobre 1310.

II

3. **L**Ouys Comte de Clermont & de la Marche premier Duc de Bourbon, Pair & grand Chambrier de France, furnommé le grand fils aifné de Robert de France Comte de Clermont ; Et de Beatrix de Bourgôgne & de Bourbon, Dame de Charolois & de Bourbô, efpoufa l'an 1311. au mois de Iuin: Marie de Hainaut fille de Iean Côte de Hainaut, & de Philippes de Luxembourg; Il portoit l'efcu de Clermont, fçauoir d'azur aux fleurs de lys d'or fans nombre, le baston de gueules pery en bande brochât fur le tout; & la Dame fon Efpoufe portoit de mefme contreparty, non des antiênes armes de Hollande qui font d'or à 1. Chevron de 3. pieces de fable ny de Hollande feulement, comme le reprefente Parradin, mais efcartelé, fçauoir au 1. & 4. quartier de Flandres qui eft d'or au Lyon de fable armé & lampaffé de gueules au 2. & 3. de Hollande, qui eft auffi d'or au Lyon de gueules armé & lampaffé d'azur ; elle portoit de Flandres d'autant que fon Pere Iean Comte de Hainaut eftoit fils de Iean d'Auefnes fils de Bouchard d'Auefnes de la maifon des Comtes d'Auefnes, qui efpoufa Marguerite Comteffe de Flandres, & de Hainaut qui depuis fe remaria à Guillaume de Bourbon, ou de Dampierre 2 fils d'Archambaud Baron de Bourbon, & efcarteloit de Hollande, parce que fon pere portoit ces Armes comme defcendu d'Alix de Hollande, fille de Guillaume Comte de Hollande. Il conuient defduire en ce lieu en quoy confifte la charge de Grand Chambrier de France, que beaucoup ont eftimé auoir efté hereditaire en la Maifon de Bourbon: Auffi les Princes de cefte Maifon ont prefque toufiours exercé cét Office, lequel eft appellé par les Empereurs Romains, *Præfectura facri cubiculi*, ainfi qu'il fe peut remarquer dans le 11. liure du Code de Iuftinian. Blaftre tenoit ce rang chez le Roy Herodes. Et Helicon au rapport de Philon Iuif exerçoit pareille fanction fous l'Empereur Caius : les François l'ont appellé Comte de la Chambre Aymoine recite que Bernard du Duc l'eftoit fous l'Empereur & Roy Louys le Desbonnaire, tels Officiers fonfcriuoient aux Chartres des Roys, & auoient liberté d'affifter aux iugemens des Pers de France y ayant voix deliberatiue, & en autre auoient la furintendance de la Chambre & habillemens de leurs Majeftez : Cefte charge eft plus antienne que celle de Grand Chambellan & autres Chambellans. Le fufdit Louys Comte de Clermont, & 1. Duc de Bourbon la receut en don du Roy Philippes le Bel. Le Roy Charles V I I. la donna l'an 1 4 5 6. à Iean 2. Duc de Bourbon, comme vaccante par le deceds de Charles 1. Duc de Bourbon. Le Roy Charles 8. en honora l'an 1488. Pierre 2. Duc de Bourbon, vaccante par le trefpas de Iean 2. Duc de Bourbon fon frere : Philippes de Bourgougne Comte de Neuers, & Rhetel frere de Iean Duc de Bourgongne en fut pourueu, & dudepuis Iean de Chaalon Prince d'Orange lors de la faction des 2. Maifons d'Orleans & de Bourgongne, aux receptions defquels le Duc de Bourbon s'oppofa ; le Roy François premier en inueftit Charles dernier Duc de Bourbon l'an 1517. & du depuis Charles de France Duc d'Orleans fon fils puifné, & en Octobre 1545. la fupprima.

Il expira le 2. iour de Ianuier l'an 1341. comme porte fon Epitaphe qui fe voit au Conuent des Iacobins
de Paris, prés celle du Comte Robert fon pere, & la Dame fon Efpoufe le 28. Aouft 1354.
& eft inhumée au Conuent des Cordeliers de Champaigne en Bourbonnois.

4. **I**Ean de Clermont Baron de Charolois & feigneur de S. Iuft 2. fils de Robert de France Comte de Clermôt: Et de Beatrix Dame de Bourbon, efpoufa l'an 1313. Ieanne de Soiffons fille & heritiere en partie de Iean 3. du nom Comte de Soiffons. Il portoit vn efcu efcartelé au 1. & 4. quartier de Clermont au 2. & 3. de Bourbon; le tout blafonné cy-deffus : La Dame fon Efpoufe portoit de mefme contreparty de Soiffons, fçauoir d'or au Leopard lyonné de gueules, & à la bordure engreflee de mefme couleur. Cefte feigneurie de Soiffons eft paffee par les maifons d'Auefnes & de Bar felon du Haillan, & du depuis en celles de Chaftillon, Luxembourg & Bourbon.

Il expira l'an 1316. viuant le Comte fon pere.

1. **P**ierre de Clermont Grand Archidiacre de l'Eglise de Paris 3. fils de Robert de France
Comte de Clermont ; & de Beatrix Dame de Bourbon, portoit de Clermont qui est d'azur
aux fleurs de lys d'Or sans nombre le baston de gueules pery en bande, brochant sur le tout.

Il mourut l'an 1317.

2. **I**Acques de Clermont seigneur de S. Iust, 4. fils de Robert de France Comte de Clermont,
& de Beatrix Dame de Bourbon, portoit de Clermont le baston de gueules brisé en chef d'vne
estoille d'or.

Il mourut l'an 1314.

3. **B**Lanche de Clermont fille aisnee de Robert de France Comte de Clermont : Et de Beatrix
Dame de Bourbon, espousa l'an 1303. Robert 3. surnommé le Grand Comte de Boulongne
& Auuergne, elle portoit de l'alliance du Comte son mary vn escu escartelé au 1. & 4. quartier
d'or à 3. tourteaux de gueules, 2. & 1. qui est de Boulongne au 2. & 3. d'or au Gonfanon de 3. pantes de gueules, frangé de sinople qui est d'Auuergne, contreparty de Clermont comme cy-dessus.

Elle Mourut l'an 1315.

4. **M**Arguerite de Clermont 2. fille de Robert de France Comte de Clermont : Et de Beatrix
Dame de Bourbon, espousa l'an 1307. Iean de Flãdres Comte de Namur 6. fils de Guy sur-
nommé de Dampierre Comte de Flandres, & aisné du 2. mariage qu'il contracta auec Ysabelle de
Luxembourg Comtesse de Namur : iceluy Comte Guy estoit fils de Guillaume de Bourbon
Baron de Dampierre, descendu d'Archambaud le jeune Baron de Bourbon ; & de Margnerite
Comtesse de Flandres & de Hainaut : Elle portoit de l'alliance du Comte son mary de Flandres qui
est d'or au Lyon de sable armé & lampassé de gueules, le baston de gueules pery en bande, brochant sur le tout pour brizeure contreparty de Clermont.

Elle mourut l'an 1316.

F ij　　　Marie

1. **M**ARIE de Clermont 3. & derniere fille de Robert de France Comte de Clermont, & de Beatrix Dame de Bourbon, fut Prieure du Monastere de Poiſſy ; auquel lieu elle fut voiſlée en May l'an 1320. elle portoit de Clermont qui eſt d'azur ſemé de fleurs de Lys d'or, & au baſton de gueules pery en bande brochant ſur le tout.

Elle alla de vie à treſpas le 7. May l'an 1372. & giſt à Poiſſy.

2. **P**Ierre 2. Duc de Bourbon 1. du Nom, Comte de Clermont, Pair & Grand Chambrier de France, fils aiſné de Louys Comte de Clermont, premier Duc de Bourbon, & de Marie de Hainaut, eſpouſa l'an 1336. Yſabelle de Valois fille de Charles de France Côte de Valois & d'Anjou (deſcendu du Roy Phillippes le Hardy) & de Mahaud de Chaſtillon: Il portoit de Clermont; & la Ducheſſe ſon Eſpouſe portoit ſemblables armes contreparties de Valois qui eſt d'azur ſemé de fleurs de Lys d'or à la bordure de gueules.

Il expira le 19. iour de Septembre l'an 1356. en la bataille de Poiſtiers qui fut liuree entre le Roy Iean &
Edouard d'Angleterre Prince de Galles : Son corps eſt inhumé aux Iacobins à Paris,
prés ceux de ſes Pere & Ayeul.

3. **P**Hilippes de Bourbon Comte de la Marche 2. fils de Louys de Clermont, 1. Duc de Bourbon, & de Marie de Hainaut, portoit vn Eſcu eſcartelé au premier & 4. qvartier de Clermont cy-deſſus, & au 2. 3. contr'eſcartelé de Flandres & de Hollande qui eſt l'Eſcu de Hainaut, ſçauoir d'or au Lyon de ſable, armé & lampaſſé de gueules & d'or, au Lyon de gueules armé & lampaſſé d'azur.

Il deceda le 9. Septembre l'an 1318. & giſt aux Cordeliers de Champaigne en Bourbonnois.

4. **I**Acques de Bourbon Comte de la Marche de Ponthieu & de Charolois, Conneſtable de Fráce 3. fils de Louys 1. Duc de Bourbon, eſpouſa l'an 1337. Ieãne de Chaſtillõ fille de Hugues de Chaſtillon ſeigneur de Luzé, Condé Aubigny & Carency : Et de Ieanne Comteſſe de Soiſſons & Dame de Chimay. Il portoit pour Armoiries de Clermont Bourbon qui eſt d'azur ſemé de
G fleurs de Lys

fleurs de Lys d'or , le baston de gueules pery en bande brochant sur le tout , chargé de 3. Lyons d'argent pour brizeure : le Feron dit qu'il portoit ses Armes escartelees de Clermont-bourbon & de la derniere branche de Bourgongne , & sur le tout de Flandres ; Ce qui n'est vray-semblable: Et la Comtesse sa fem ne portoit contreparty de Chastillon qui est de gueules au pal de 4. pieces de Vair au chef d'or chargé d'vne fleur de Lys de sable pour brizeure. Robert de Fiennes luy succeda à la Cōnestablie, lequel en ayant faict demission volontairemēt, le Roy Charles 5. y pourueut Bertrand Seigneur du Guesclin Comte de Longueuille. Sa Majesté a de ce temps esleué en ceste charge François de Bonnes Duc de Lesdiguieres Pair de France , seigneur de Mions-lambert, Cheualier des deux Ordres , & Lieutenant General en Dauphiné.

Il expira le sixiesme Auril l'an mil trois cens soixante & vn, & son corps est inhumé aux Iacobins de Lyon.

1. **I**EANNE de Bourbon fille aisnee de Louys 1. Duc de Bourbon, & de Marie de Hainaut, espousa le 4. Feurier l'an 1318. Guy de Forests, fils aisné de Iean Comte de Forests : elle portoit de gueules au Dauphin d'or, cresté oreillé d'azur de l'alliance de Forests contreparty de Clermont bourbon qui est d'azur semé de fleurs de Lys d'or au baston de gueules pery en bande brochant sur le tout.

Elle mourut l'an 1370.

2. **M**Arguerite de Bourbon 2. fille de Louys de Clermont 1. Duc de Bourbon, espousa le 5. Octobre l'an 1311. Iean seigneur de Sully, fils de Henry de Sully grand Eschançon de France, & de Ieanne de Vendosme : elle portoit de Sully qui est d'azur au Lyon d'or, l'escu semé de fleurs de Lys de mesme metail contreparty de Clermont-Bourbon cy-dessus representé. Ceste seigneurie de Sully a esté erigee en Duché & Pairrie par le Roy Henry 4, en la personne de Maximilian de Bethune Marquis de Rhosny , Grand Maistre de l'artillerie de France.

Elle mourut l'an 1360.

3. & 4. **M**Arie de Bourbon 3. fille de Louys 1. Duc de Bourbon, espousa l'an 1334. Guy de Lusignan Prince de Chypre, Connestable dudit Royaume, fils aisné de Hugues Roy de Chypre & de Hierusalem, Prince de Gallilee , Issu de la Maison de Lusignan en Poictou qui a reigné en l'Isle de Chypre iusques à Leon 6. qui mourut à Paris du temps du Roy Charles 6. Et en 2. nopces elle espousa l'an 1355. Robert Prince de Tarente Empereur tirulaire de Constantinople, fils de Philippes de Sicile 1. du nom, Prince de Tarente & d'Achaie, aussi Empereur Titulaire de Constantinople: Et de Catherine de Valois, ceste Maison de Tarente estoit issué de la 1. branche des Comtes d'Anjou Roys de Naples,& de Sicile descendus de la Maison de France, sçauoir de Charles de France Roy de Sicile, Comte d'Anjou & du Maine, fils puisné du Roy Louys 8. Elle portoit de l'alliance son 1. mary burelé d'argent & d'azur de 10. pieces au Lyon de gueules armé & lampassé d'azur brochant sur le tout qui est l'escu de Chypre Lusignan, & de la part du Prince son 2.mary,portoit de pourpre à l'Aigle à 2.testes coutôné le tout d'or,selon les autres de gueules à l'Aigle d'or qui est de l'Empire de Grece ou de Côstantinople ,à la difference de l'Empire de

H   Rome

Rome ou Allemaigne qui porte d'or à l'Aigle à 2. testes de sable, lequel metail & couleur forēt pris par la Maison Imperiale de Saxe à l'Aigle chargé au milieu de l'escu de la ville de Constantinople donné par Constantin le Grand fondateur d'icelle, qui est d'or à la Croix de gueules, quantonnee de quatre fuzils addossez de mesme couleur. Le Pape Leon 3. ayant diuisé l'Empire l'an 800. entre Charlemaigne Roy de Frāce salüé Empereur & Constantin Porphirogenite fils de l'Empereur Leon & de l'Imperatrice Irené, l'Aigle cōmença d'estre blasonué auec 2. testes, où ce fut selon quelques-vns désle temps de Constantin le Grand, lors qu'il transporta le siege del'Empire Romain à Constantinople, en faueur du Pape S. Syluestre, & qu'il laissa à Rome seulement vn Exarche : party d'Anjou-Sicile de la branche de Tarente qui est d'azur semé de fleurs de Lys d'or au lambeau de gueules de 3. pieces, quelques-vns disent de 5. pieces, & selon les autres de 3. pieces mouuant du chef, & pour brizeure vn baston d'argent pery en bande brochant sur le tout: Les 2. escus contrepartis de Clermont-Bourbon.

Elle mourut l'an 1563.

1. BEATRIX de Bourbon 4. fille de Louys 1. Duc de Bourbon espousa l'an 1335. Iean de Luxembourg Roy de Boheme, Electeur, & Graud Eschançon de l'Empire, fils de l'Empereur Charles 4. (àquoy quelques-vns contreuiênent) : Elle portoit vn escu escartelé au 1.& 4. quartier de Boheme qui est de gueules au Lyon d'argent, couronné, armé & lampassé d'or au 2.& 3. de Luxembourg qui est d'argent au Lyon de gueules, couronné, armé, & lampassé d'or, la quenë fourcheuë & passée en sautoir contreparty de Clermont-Bourbon qui est d'azur aux fleurs de Lys d'or sans nombre, & au baston de gueules pour brizeure.

Elle expira l'an 1363. son corps repose aux Iacobins à Paris.

2. BEatrix de Bourbon 5. fille de Louys 1. Duc de Bourbon de mesme Nom que Beatrix 4. fille, sa sœur espousa l'an 1335. Philippes Prince de Tarente, & Empereur Titulaire de Constantinople, dernier des fils de Philippes de Sicile, Seigneur des mesmes seigneuries, & successeur de Robert son frere cy-dessus remarqué : Elle portoit de l'Empire Constantinople, qui est de pourpre à l'Aigle à 2. testes d'or couronné de mesme & chargé d'or à la Croix de gueules, quantonnée de 4. fuzils addossez de pareille couleur, qui est l'escu de la ville de Constantinople party d'Anjou-Tarente qui est semé de France au lambeau de gueules de 3. pieces & au baston d'argent pery en bande pour brizeure, contreparty de Clermont-Bourbon.

Elle deceda l'an 1308.

3. PHilippes de Bourbon 6. & derniere fille de Louys 1. Duc de Bourbon, & de Marie de Hainaut, portoit de Clermont-Bourbon cy-dessus blasonné.

Elle mourut l'an 1320.

4. **I**Ean de Bourbon Seigneur de Rochefort-Beluent, Iarfat, Croffet, Meullan Eftange & Granfey, Chevalier de l'Ordre du Chardon Noftre-Dame, fils naturel de Louys 1. Duc de Bourbon, portoit de Bourbon le bafton commençant au cofté feneftre de l'efcu, la feigneurie de Granfey en Bourgongne, a efté erigee en Comté en la perfonne de Iacques de Hautemer Seigneur de Feruacques, Chevalier des 2. Ordres Marefchal de France, qui a pour fucceffeur Iacques Baron de Medavy, frere aifné de Iean Abbé de fainct André.

Il mourut l'an 1596.

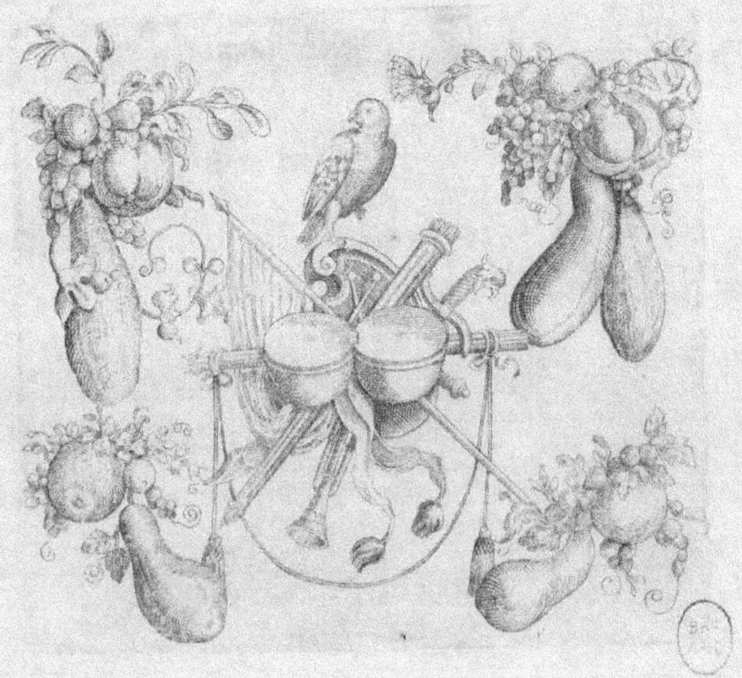

1. **B**Eatrix de Clermont Comtesse de Charolois, fille aisnee & heritiere de Iean de Clermont, Baron de Charolois, & de Ieanne Comtesse de Soissons, espousa l'an 1311. Iean 1. du nom Comte d'Armaignac : Elle portoit pour Armoiries vn escu escartelé au 1. & 4. quartier d'Armaignac qui est d'or au Lyon de gueules au 2. & 3. de Guyenne qui est de gueules au Leopard Lyonné d'or, armé & lampassé d'azur contreparty d'vn escu aussi escartelé au 1. & 4. quartier de Clermont-Bourbon qui est d'azur aux fleurs de lys d'or sans nombre, le baston de gueules pery en bande brochant sur le tout au 2. & 3. de Bourbon l'antien de la branche des Archambauds Barons de Bourbon qui est d'or au Lyon de gueules, & à l'Orle de 10. cocquilles d'azur, ceste seigneurie de Charolois est passee de la Maison d'Armaignac en celle de Bourgongne.

Elle mourut l'an 1333.

2. **I**Eanne de Clermont Dame de S. Iust, autre fille heritiere de Iean de Clermont Baron de Charolois, espousa l'an 1322. Iean Comte de Boulongne & Auuergne : Elle portoit vn escu escartelé au 1. & 4. quartier de Boulongne qui est d'or à 3. tourteaux de gueules 2. & 1. au 2. & 3. d'Auuergne qui est pareillement d'or au Gonfanon de 3. pantes de gueules frangé de Sinople contreparty d'vn escu aussi escartelé au 1. & 4. de Clermont Bourbon, au 2. & 3. de Bourbon l'antien.

Elle mourut l'an 1332.

3. **L**Ouys 2. du Nom, & 3. Duc de Bourbon, Comte de Clermont & de Chasteau-chinon, Seigneur de Dombes & de Beaujeu, Pair & Grãd Chambrier de France:chef &, Fondateur des Ordres militaires du chardon Nostre Dame & de l'Escu d'or : fils vnicque de Pierre 1. du nom Duc de Bourbon, & d'Isabelle de Valois, espousa l'an 1371. Anne d'Auuergne, fille vnicque & heritiere de Bertrand Comte Dauphin d'Auuergne, & de Ieanne Comtesse de Forests : Il portoit de Clermont bourbon comme ses predecesseurs & la Duchesse son Espouse, portoit de mesme contreparty d'vn escu escartelé au 1. & 4. quartier d'or au Dauphin pasmé d'azur cresté & oreillé d'argent (& non de gueules de mesme que portent les Dauphins de Viennois) qui est l'Escu des Dauphins d'Auuergne au 2. & 3. de gueules au Dauphin pasmé d'or, cresté & oreillé d'azur

K   qui est

qui est de Forests. Ce Prince Louys establit l'an 1370. l'Ordre du Chardon Nostre-Dame, dont le Collier estoit estoffé d'or & d'argent entremeslé de fleurs de Lys, auquel pendoit vne fleur de Chardon composée de 4. fueilles auec ce mot, *Esperance*, pour Ame de la Deuise, le tout d'or : Il establit en outre auparauant l'an 1363. dans sa ville de Moulins en bourbonnois, l'Orde de l'Escu d'or moins noble que celuy du Chardon, dont le Collier estoit estoffé de Perles auec ce mot: *Allen*, pour Deuise, qui signifie, *Allons*, & lors de ceste institution le surnom de Clermont fut changé en celuy de Bourbon.

Il deceda à Mont-luçon le 19. iour d'Aoust l'an 1410. & fut enseuely
au Prieuré de Sonuigny.

4. IEanne de Bourbon fille aisnee de Pierre 1. du Nom Duc de Bourbon, espousa l'an 1349. Charles 5. du Nom Roy de France, portant lors le tiltre de Duc de Normandie, fils aisné du Roy Iean, & de la Royne Bonne de Boheme du viuant de Philippes surnommé de Valois son ayeul : Elle portoit des Armes du Roy son mary de France, sçauoir d'azur semé de fleurs de Lys d'or ; & lors de leur alliance portoit escartelé de Normandie qui est vn escu de gueules à 2. Leopards d'or, armez & lampassez d'azur contreparty de Clermont-Bourbon.

Elle deceda à Paris le 6. iour de Feurier l'an 1377. Et le Roy son Mary à Beaute sur Marne, le 16. iour
Septembre l'an 1380. leurs corps reposent à S. Denys.

1. **B**Lanche de Bourbon 2. fille de Pierre 1. du Nom, Duc de Bourbon, espousa l'an 1352. Pierre Roy de Castille & de Leon, surnommé le Cruel : Elle portoit des armes du Roy son mary, vn escu escartelé au 1. & 4. quartier de Castille qui est de gueules au Chasteau d'or, au 1. & 3. de Leon qui est d'argent au Lyon de Pourpre, armé & lampassé de gueules (autres disent le Lyon estre de gueules) contreparty de Bourbon qui est d'azur aux fleurs de Lys d'or sans nombre : le baston de gueules pety en bande brochant sur le tout.

Elle Mourut l'an 1361. par les violences du Roy son Mary.

2. **B**Onne de Bourbon 3. fille de Pierre 1. du Nom Duc de Bourbon, espousa l'an 1355. Amé 5. du Nom, Comte de Sauoye, qui institua la mesme annee l'Ordre militaire de l'Annonciade : Elle portoit de Sauoye qui est de gueules à la Croix d'argent, contreparty des armes de Bourbon.

Elle deceda l'an 1383.

3. **C**Atherine de Bourbon 5. fille de Pierre 1. du Nom Duc de Bourbon, espousa l'an 1368. Iean 3. du Nom, Comte de Harcourt, pere & mere de Iean 4. du Nom, Comte de Harcourt & d'Aumale : Et de Louys Vicomte de Chastellerault, Archeuesque de Roüen, Primat de Normandie, & fils vnicque de Iean 2. du Nom, aussi Comte d'Harcourt, frere aisné de Louys & de Christophle, Grand Maistre des Eaux & Forests de France : Et de Guillaume Seigneur de Reynel Conseiller d'Estat, enfans de Iean 1. du Nom, frere de Louys Patriarche d'Alexandrie, Euesque de Bayeux, premier Suffragant de Normandie, de Geoffroy ; & de Robert Cheualier de l'Ordre de la Iartiere, lesquels se retirerent en Angleterre lors des mouuemens excitez en France par Charles Roy de Nauarre : La posterité desquels, porte de present ses Armes escartelees au 2. 3. & 4. quartier de celles de Percy & Northumbelland, de la Maison des Milords de Percy, Comtes Northumbelland, & Seigneurs de Mont-champs demeurants en Angleterre & Normandie, & de celles de Montgommery de la Maison des Comtes de Mont gommery en Escosse & Normandie, & de Guy Euesque & Comte de Lizieux, qui a fait dans Paris plusieurs remarquables fondations suiuies à son exemple de Robert Euesque de Coustances son nepueu fils de Geoffroy : Les

L   Armes

Armes duquel se remarquent en diuers lieux brizées d'vne viure d'argent, tous descendus de Iacques fils de Guilaume Seigneur de Sancrre, Grand Queux de Frãce, fils de Iean Mareschal de France, issu de Richard Seigneur de Harcourt: Elle portoit de l'alliance du Comte son Mary, l'Escu de Harcourt qui est de geules à la face d'or de 2. pieces contreparty de Bourbon le Comté, de Harcourt, est passé de la Maison de Rieux, en la Maison de Laual, lors fondue en celle de Colligny, & de puis en celle d'Elbœuf, par l'alliance de René de Lorraine Marquis d'Elbœuf, auec Louise de Rieux fille de Claude Seigneur de Rieux Marquis d'Oixant, & de Susanne de Bourbon desquels descendit Charles de Lorraine 1. du Nom, Duc d'Elbœuf, Pair de France qui espousa Marguerite Chabot, fille de Leonor Chabot Comte de Charny, Grand Escuyer de France, desquels est descendu Henry, de present Comte de Harcourt: Et les plaines Armes sont en la possession de Pierre de Harcourt Marquis de Beuuron Comte de Croisy, Baron de Mesnibuc, Sierry, Varauille, Cleuille & Seigneur de la Motte, Cheuallier & Gentilhomme ordinaire de la Chambre du Roy, Pere d'vne fille, sçauoir de Françoise de Harcourt, femme de François Marquis de la Marseliere Vicomte de Fretey Baron du Gué & du Plessis, Giffart Chastellain de la Motte, Mont-jardin, Balause, Vaublen, Olinet, & Seigneur de S. Brice, & de 5. fils dont l'aisné Iacques de Harcourt qui portoit qualité de Marquis de Beuuron & de Gouuerneur de Fallaize, (mort au lict d'honneur au siege de Montpellier, en Septembre 1622.) auoit espousé Eleonor Chabot Comtesse de Coignac, Dame de S. Gelais, lors veufue de Louys de Viuonne, Seigneur de la Chastaigneraye & Baron de Damuille (frere aisné de Charles de Viuonne, Baron de la Chastaigneraye Cheualier des 2. Ordres & Gouuerneur de Parthenay, & d'André Seigneur de Viuonne, allié de la Maison de Lomenie) desquels est issuë Gillonne de Harcourt fille vnicque. Et sœur de Guy Chabot, de present Baron de Iarnac, & de Charles Seigneur de Sainct Aulaye, de Claude femme d'Adolphe Rhouant, Baron de Tiembrune, & de Marie femme d'Vrbain de Puy-garreau Seigneur de Marmande, tous descendus de Leonor Chabot Baron de Iarnac, qui auoit pour espouse Marie de Rochechoüart & fils de Charles Chabot, qui espousa Ieanne de S. Gelais du sang de Lusignan Maison Royalle de Chypre & Armenie, alliee de celles de France, Constantinople, Angleterre, Aquitaine, Poictou, la Marche & Angoulesme.

*Elle expira le 6. Iuin 1427. & gist en l'Abbaye du Parc auec le Comte son Mary qui fut tué
en la bataille d'Azincourt en Picardie l'an 1415.*

4. **I**Sabelle de Bourbon 5, fille de Pierre 1. Duc de Bourbon espousa le 11. iour de Iuin 1341. Godeffroy de Brabant, fils aisné de Iean 3. du Nom Duc de Brabant : Elle portoit de sable an Lyon d'or, armé & lampassé de gueules qui est de Brabant contreparty de Bourbon, les Ducs de Brabant portoient antiennement d'or au Chevron de gueules de 3. pieces, & choisirent l'Escu qui leur est iusques à present attribué au mesme temps que les Comtes de Flandres & autres Princes de la basse Allemaigne, prindrent des Lyons de diuerses couleurs & metaux en la premiere expedition de la terre saincte.

Elle mourut l'an 1351.

                    Marguerite

1. MArguerite de Bourbon 6. fille de Pierre 1. Duc de Bourbon, espousa le 4. iour de May l'an 1368. Armand Amanjeu Seigneur d'Albret : Elle portoit d'Albret qui est vn Escu de gueules contreparty de Bourbon qui est d'azur, semé de fleurs de Lys d'or au baston de gueules pery en bande brochant sur le tout. Le Roy Charles 5. pratiqua ceste alliance : & le Roy Charles 6. son fils & successeur, permit cy apres à ce Seigneur d'Albret, en faueur d'icelle d'escarteler ses Armes au quartier d'honneur de l'Escu de France. Denys d'Albret Comte de Marennes Baron de Miossens de Coaraze & d'Oleron, Cheualier des Ordres du Roy, est de present chef des Armes de ceste Maison, & la Seigneurie d'Albret de maintenát erigee en Duché & Pairrie. & a esté reunie à la Couronne par le Roy Henry le Grand, lors de son Ordonnance & Declaration sur l'vnion de son antien patrimoine mouuant de la Couronne de France, donnée à Paris en Iuillet 1607.

Elle expira l'an 1401.

2. MArie de Bourbon Prieure de Poissy, 7. & derniere fille de Pierre 1. Duc de Bourbon, fut voisiee l'an 1358. & portoit de Bourbon.

Elle mourut l'an 1369.

3. PIerre de Bourbon Comte de la Marche, fils aisné de Iacques de Bourbon, Comte de la Marche, Connestable de France, portoit de bourbon le baston de gueules chargé de 3. Lyons d'argent pour brizeure.

Il expira en la iournee de Brignais, l'an 1364. & gist à Lyon au mesme lieu que le Comte son Pere.

4. IEan de Bourbon Comte de la Marche 2. fils de Iacques de Bourbon aussi Comte de la Marche, & successeur du Comte Pierre son frere, espousa l'an 1364. Catherine Comtesse de Vendosme & de Castres, fille de Iean Comte de Vendosme, & de Ieanne de Ponthieu Comtesse de Castres, & portoit pour Armoiries de Bourbon la Marche comme cy-dessus, la Comtesse sa femme portoit de mesme, contreparty de Vendosme qui est d'argent au chef de gueules & au Lyon d'azur, couronné, armé & lampassé d'or brochant sur le tout : les Vidames de Chartres, du Nom de Vendosme, portent les plaines Armes de l'antien Vendosme.

Il expira l'an 1396.

M   1. Iacques

1. IAcques de Bourbon Seigneur de Preaux & de Vebaine, 3. fils de Iacques de Bourbon, Comte de la Marche & de Ieanne de Chastillon, espousa l'an 1366. Ieanne de Vienne, fille de Iean Seigneur de Vienne, Cheualier de l'Ordre de l'Annonciade Admiral de France : Il portoit vn Escu escartelé au 1. & 4. quartier d'azur semé de fleurs de Lys d'or, le baston de gueules chargé de 3. Lyons d'argent qui est de Bourbon la Marche au 2. & 3. de gueules au pal de Vair de 3. pieces & au chef d'or chargé d'vne fleur de Lys de sable qui est de Chastillon Lucé : La Dame son Espouse, portoit de mesme contreparty de Vienne qui est de gueules à l'Aigle esployé d'or membré & becqué d'azur. Les Barons de Ruffey & de Vienne Baufremont, portent ce blason escartelé d'autres Armes.

Il expira dans la Rochelle l'an 1422.

2. CAtherine de Bourbon fille aisnee de Iacques de Bourbon Comte de la Marche, espousa l'an 1361. Bouchard 4. du Nom Comte de Vendosme, fils de Iean 2. du Nom Comte de Vendosme, & de Ieanne de Pouthieu Comtesse de Castres : Elle portoit pour Armoiries de Vendosme qui est d'argent au chef de gueules, au Lyon d'azur couronné, armé & lampassé d'or brochant sur le tout contreparty de Bourbon la Marche. Catherine de Vendosme qui est remarquee cy-dessus, auoit espousé Iean de Bourbon Comte de la Marche, & succeda à Ieanne Comtesse de Vendosme, & de Castres sa Niepce.

Elle mourut l'an 1380.

3. ISabeau de Bourbon fille puisnee de Iacques de Bourbon Comte de la Marche, espousa l'an 1361. Louys Vicomte de Beaumont, Seigneur de la Guerche, de Poüencé & de la fleche, fils de Iean Vicomte de Beaumont, & de Marguerite de Poictiers : Elle portoit de Beaumont le Vicomte qui est d'azur au Lyon d'or (naissant selon quelques-vns) l'escu semé de fleurs de Lys de mesme metail contreparty de Bourbon la Marche cy dessus. Le Roy Charles 5. permit aux Vicomtes de Beaumont de semer leur escu de France.

Elle mourut l'an 1361.

　　　　　4. Iean

4. IEan 1. du Nom 4. Duc de Bourbonnois & d'Auuergne, Comte de Montpensier & Clermōt, & de Forests, Seigneur de Beaujolois & de Cōbraille, Pair & Grand Chambrier de France, fils aisné de Louys 2. du Nō Duc de bourbon & d'Anne d'Auuergne espousa l'an 1400. Marie de Berry fille aisnee de Iean de France Duc de Berry & Comte de Poictou, & de Ieanne d'Armaignac : Il portoit pour Armoiries d'azur à 3. fleurs de Lys d'or 2. en chef & 1. en pointe au baston de gueules pery en bande. Le Roy Charles 6. ayant reduit l'Escu de France à 3. fleurs de Lys; iceluy Duc fist le semblable : La Duchesse sa femme portoit pareillement de Bourbon contreparty de Berry qui est semé de France à la bordure engreslee de gueules.

Il alla de ceste vie en l'autre estant en Angleterre l'an 1334. où il estoit depuis 19. ans detenu prisonnier, ayant esté pris par Henry 5. Roy d'Angleterre en la bataille d'Azincourt ; son corps à l'instance du Duc son fils, fut transporté de Londres au Prieuré de Souuigny, où il gist auec celuy de la Duchesse sa femme, qui deceda à Lyon en Iuin la mesme annee.

N   LOVYS

1. **L**Ouys de Bourbon Comte de Clermont, fils puisné de Louys 2. Du Nom , Duc de Bourbon , portoit de Bourbon qui eſt d'azur à 3. fleurs de Lys d'or , le baſton de gueules pery en bande chargé de 3. Dauphins d'or pour brizeure.

Il deceda l'an 1404. le 12. Decembre, & ſa ſepulture eſt aux Iacobins à Paris.

2. **I**Sabelle de Bourbon fille aiſnee de Louys 2. Duc de Bourbon , portoit de Bourbon.

Elle treſpaſſa l'an 1454. & deſira paſſer ſa vie en Celibat.

3. **C**Atherine de Bourbon fille puiſnee de Louys 2. Duc de Bourbon : portoit de Bourbon.

Elle mourut l'an 1420.

4. **H**Ector de Bourbon Signeur de Dampierre, fils naturel de Louys 2. Duc de Bourbon, portoit de Bourbon le baſton commençant au coſté ſeneſtre de l'Eſcu : ceſte Seigneurie de Dampierre en Champaigne, eſt paſſee de puis en la Maiſon des Comtes de Tilly & Barons de Han, de la Maiſon de du Val, Lieutenants pour l'Empereur Ferdinand 2. en Allomaigne deſcendus de Iacques de du Val Seigneur de Mon dreuille, Ambaſſadeur extraordinaire, pour le Roy. Charles 9. vers l'Empereur Maximilian 2. & Potentats d'Allemaigne, du depuis Chancelier de Lorraine, fils d'Eſtiéne de du Val, Seigneur du Moſq & de Fontenay, qui priſt alliance en la Maiſon de Malherbe S. Aignan, renommée du temps de S. Louys aux armées de Tunes & de la Paleſtine, qui portoit lors d'argent à 3. Lyons de ſable armez & lampaſſez de gueules , & qui a receu depuis pour blaſon les Armes de Bretaigne briſees de 6. roſes de gueules, lors des diuiſions des 2. Maiſons de Blois & de Montfort.

Il fut tué l'an 1414. au ſiege de Soiſſons.

1. & 2. **I**Acques de Bourbon Comte de la Marche, de Charolois & de Castres, Grand Chambellan de France, fils aifné de Iean de Bourbon Comte de la Marche; & de Catherine de Vendofme, efpoufa en premieres nopces le 15. iour d'Aouft l'an mil quatre cens quinze,
autres difent le 14. Septembre 1406. Beatrix de Nauarre & d'Eureux, fille de Charles I I I. du
Nom, Roy de Nauarre Comte d'Eureux & 1. Duc de Nemours furnommé le Noble, defcendu
de la branche d'Eureux, qui fe commence à Louys de France Comte d'Eureux, d'Eftampes & de
Gien, fils du Roy Philippes le Hardy & d'Eleonor de Caftille, & prift en 2. nopces l'an 1415. Ieanne
2. du Nom Royne de Hongrie, Naples, Sicile & Hierufalem, veufue de Guillaume 2. Duc d'Au-
ftriche & fille de Charles 3. du Nom auffi Roy de Hongrie & Sicile, Comte de Prouence & de
Forqualquier de la branche de Duras, & de Marguerite de Duras & de Sicile, l'vn & l'autre iffus de
la premiere branche d'Anjou, qui fe commence à Charles de France Comte d'Anjou, fils puifné
du Roy Louys 8. Tandis qu'il portoit tiltre de Comte il tymbroit fes Armoiries de Bourbon la
Marche qui eft d'azur à 3. fleurs de Lys d'or, le bafton de gueules pery en bande brizé de 3. Lyons
d'argent, & la Comteffe fa 1. femme contreperty de Nauarre qui eft de gueules à l'efcarboucle
pommettee d'or: autres blafonnent aux doubles chaifnes d'or paffees en orle faultoir pal & face: aucuns adjouftent qu'elle efcarteloit d'Eureux qui eft d'azur femé de fleurs de Lys d'or au bafton
componné d'argent & de gueules, pery en bande brochant fur le tout, & lors qu'il conuola en 2.
nopces, il prift felon la reigle des Herauts & Roys d'Armes, les Armes de la Royne fa 2. Efpoufe,
laquelle portoit vn Efcu tiercé au 1. de Hongrie qui eft facé d'argent & de gueules de 8. pieces party d'Anjou-Naples, ou Anjou-Sicile qui eft d'azur aux fleurs de Lys d'or fans nombre, l'Efcu brizé en chef d'vn lambeau de gueules de 3. pieces tiercé de Hierufalem qui eft d'argét à la Croix potencee d'or, quantounee de 4. croix couppées auffi d'or, & fur le tout l'Efcu de Bourbon la Marche cy-deffus blafonné, les antiennes Armes de Duras font d'argent au Lyon d'azur & au bafton
d'argent pery en bande. Georges Seigneur de la Trimoüille luy fucceda en la charge de Grand
Chambellam, de laquelle eft de prefent inuefty Claude de Lorraine Duc de Cheureufe, Pair
de France, Prince de Ioinuille Cheualier des deux Ordres du Roy, Gouuerneur & Lieutenant General pour fa Majefté en Auuergne & Combraille: reprenant les Armes de Nauarre cy-deffus remarquees: Ie diray que les antiennes Armes de ce Royaume telles que les
choifit Garcia Ximenes, eftoient feulement blafonnées de gueules telles que les ont portees

de puis les Seigneurs d'Albret : le mesme les changea l'an sept cens soixante & vn au mesme temps que les Mores d'Affricque enuahirent les Prouinces d'Espaigne, & prist d'or au chesne de sinople au chef de geules chargé d'vne croix pommettée d'or, & les changeant pour la 2. fois, prist d'azur à la Croix pattee d'argent le 3. blason qui est resté iusques à maintenant, fut choisi par Sance le fort 8. du Nom Roy de Nauarre en memoire de la desroute des Mores. Quant aux Roys de Hongrie, ils portoient premierement de sable au Loup passant d'argent, lequel Escu fut changé par le Roy kadaris Attila, qui prist d'argent à l'Aigle esployé de sinople, Armes retenuës en Hongrie iusques au temps de Geysa 1. Roy Chrestien, lequel prist d'argent à la double croix de gueules, soustenuë d'vn gazõ de sinople; ce qui a depuis seruy de Deuise aux Roys ses successeurs, & au lieu de ce blason Estienne 2. prist 8. bureles d'argent & de gueules pour representer les 4. fleurs qui arrouzent la Hongrie & les 4. plus fertiles parties de ce Royaume : les armes de Naples sont semees de France pour auoir esté donnees à cét Estat par Charles de France; & celles de Hierusalem qui furent attribuees l'an 199. à Godeffroy Duc de Boüillon & de Lorraine, esleu Roy de Hierusalem, furent choisies par les Princes Chrestiens, croisez, & fut pris metail sur metail de l'aduis de l'Assemblee en vertu de ces mots de de Dauid au Ps. 67. *Si dormiatis inter medios Cleros Pennæ Columbæ deargentatæ & posteriora dorsi eius in pallore Auri,* proposés par l'Archeuesque de Thyr esleu Chancelier de Hierusalem. Il conuient declarer en ce lieu pourquoy les Roys de Naples & de Sicile portoient l'Escu de Hierusalem, veu que ce Royaume n'estoit de leur possession; la raison est qu'il fut ainsi stipulé lors de l'alliance de Frideric 2. Roy de Sicile auec Yoland de Hierusalem fille de Iean Roy de Ierusalem de la maison de Brenne.

Il deceda l'an 1438. & gist aux Cordeliers de Besançon.

3. & 4. LOuys de Bourbon Comte de Vendosme & de Chartres, Seigneur d'Espernon & de Montdoubleau, Grand Maistre de France, 2. Fils de Iean de Bourbon Comte de la Marche, & de Catherine Comtesse de Vendosme espousa l'an 1414. Blanche de Rouscy fille de Hugues Comte de Rouscy, & de Blanche de Coucy, & le 2. iour d'Aoust 1424. espousa Ieanne de Laual, fille aisnee de Iean de Montfort, qui prist le nom de Guy 13. Baron de Laual, & d'Anne heritiere & Dame de Laual : Il portoit vn escu escartelé au premier & 4. de Bourbon, au 2. & 3. de Vendosme qui est d'argent au chef de gueules & au Lyon d'azur couronné, armé & lampassé d'or brochant sur le tout, la Comtesse sa premiere femme portoit pareilles Armoiries contrepartyes de Roucy qui est d'or au Lyon d'azur couronné de gueules & lampassé d'argent la 2. portoit aussi de mesme contreparty, non de Montfort qui est de gueules au Lyon d'argent, la queuë fourcheuë & passee en sautoir mais de Laual, dont son Pere prist le nom & les Armes, sçauoir d'or à la Croix de gueules, chargee de 5. cocquilles d'argent & quantonnee de 16. Allerions d'azur ou Aiglons selon les autres, & pour terminer ceste difficulté, les Allemands les confondent : Ces Armes sont celles de Montmorency à la Croix brizee de 5. cocquilles que prist le fils puisné de Mathieu Seigneur de Montmorency 2. du Nom, Connestable de France, & d'Emme heritiere de Laual fille de Guy 6. Seigneur de Laual d'Acquigny, Attichy & Herouille (laquelle Seigneurie est maintenant en la Maison du Seigneur de la Hirlaye du nom, & des Armes de Herouille pere d'vn fils qui la precedé & d'vne fille vnicque femme du Seigneur de Victot Cheualier & Bailly de Caen, cy-deuant veuf de Catherine Morant soeur de Thomas Morant Baron du Mesnil-garnier, Seigneur de Bieuille & d'Esteruille, Cõseiller d'Estat & Grãd Thresorier des Ordres de sa Majesté, & d'Anne femme de Iacques Seigneur de Cauuigny, de Vieruille & Bernieres Grand Voyeur President & Thresorier de France en la Generalité de la basse Normandie, qui a pour gendre Iacques de Gilain Seigneur de Barneuille, Cheualier de l'Ordre du Roy: de Culant succeda au Comte Louys en la charge de Grand Maistre de France, par l'inuestiture du Roy Charles 7. de laquelle est maintenãt inuesty Louys de Bourbon Comte de Soissons, Pair de France, Cheualier des 2. Ordres du Roy, & Lieutenant General pour sa Majesté en Dauphiné.

Il passa de ceste vie en l'autre l'an 1447. & gist en l'Eglise de S. Georges de Vendosme.

2. **I**Ean de Bourbon Seigneur de Carency, Busquoy, l'Ecluse & Duisant en Artois, 3. fils de Iean de Bourbon Comte de la Marche, espousa l'an 1422. Catherine d'Artois fille de Philippes d'Artois Comte d'Eu, Pair de France, descendu de la branche d'Artois qui commence à Robert de France Comte d'Artois, fils du Roy Louys 8. & frere du Roy S. Louys : Il portoit de Bourbon la Marche qui est d'azur à 3. fleurs de Lys d'or, le baston de gueules pery en bande brochant sur le tout, & pour brizeure vne bordure de gueules, & la Dame son Espouse portoit de mesme contreparty d'Artois qui est d'azur semé de fleurs de Lys d'or, l'Escu brisé en chef d'vn lambeau de gueules de 4. pieces, chaque piece chargee de 3. chasteaux d'or ; autres disent de 3. pieces chargé de 9. chasteaux pour representer les 9. Chastellenies d'Artois, ou pour y comprendre les Armes de la Royne Blanche de Castille Mere du Comte Robert d'Artois : les antiennes Armes de ceste Prouince estoient de gueules au Lyon d'or, armé & lampassé d'azur : La Seigneurie de Busquoy est passee en la Maison des Seigneurs de Longueual, qui à leur instance a esté erigee en Comté par le Roy d'Espaigne Philippes 2. soy disant Comte d'Artois.

Il mourut l'an 1446.

2. & 3. **A**Nne de Bourbon fille aisnee de Iean de Bourbon Comte de la Marche espousa l'an 1402. Iean de Berry Comte de Montpensier, veuf de Catherine de France fille du Roy Charles 7. & fils de Iean de France Duc de Berry & d'Auuergne, Comte de Poictou, Estampes, Boulongne, Auuergne & Montpensier, & de la Duchesse Ieanne d'Armaignac, & en 2. nopces le 16. Decembre l'an 1404. Louys de Bauiere Comte Palatin du Rhin, Electeur & Grand Maistre de l'Empire surnommé le Bel, fils du Comte Estienne & frere de la Royne Isabeau de Bauiere femme du Roy Charles 6. Elle portoit de l'alliance du Comte son 1. mary de Berry qui est d'azur semé de fleurs de Lys d'or ou à 3. selon les autres à la bordure engreslee de gueules, & de l'alliance du Comte Palatin son 2. mary, portoit vn escu escartelé au 1. & 4. quartier de Bauiere qui est lozengé d'argent & d'azur en bande sans nombre, au 2. & 3. du Palatinat du Rhin, qui est de sable au Lyon d'or, couronné, armé & lampassé de gueules, le tout contreparty de Bourbon la Marche cy-dessus.

Elle expira l'an 1448.

4. **M**Arie de Bourbon 2. fille de Iean de Bourbon Comte de la Marche, portoit de Bourbon la Marche, cy-deuant blasonné.

Elle mourut jeune l'an 1410.

P   1. Charlotte

1.   CHarlotte de Bourbon 3. & derniere fille de Iean de Bourbon Comte de la Marche , & de
Catherine Comtesse de Vendosme , espousa l'an 1408. Ianus Roy de Chypre, Hierusalem & Armenie , fils aisné du Roy Iacques de Chypre 1. du Nom de la Maison de Lusignan :
Elle portoit comme le Roy son mary , 1. escu escartelé au 1. & 4. quartier de Hierusalem qui est
d'argent à la Croix potencee d'or , quantonnee de 4. croix couppees de mesme metail au 2. & 3. de
Chypre Lusignan qui est burelé d'argent & d'azur de 10. pieces au Lyon de gueules brochant sur
le tout les plaines armes de Lusignan son burelees d'argent & d'azur de 10. pieces telles que les
portoient les antiens Comtes d'Angoulesme ausquelles a esté adiousté le Lyon des Armes de Chypre qui sont d'argent au Lyon de gueules , la branche de Coignac, de present fonduee en la Maison
de Chabot, y adiousta vn lambeau de gueules de 3. pieces , celle de Chasteau-neuf (laquelle Seigneurie est maintenant en la Maison de l'Aubespine , Barons de Chasteau-neuf & Seigneurs de
Preaux) burelé au Lyon de gueules & y adiousta vne couronne d'or , celles de Valencé & de
Couhé, adiousterēt aux burelees 10. faulcons de gueules 3.3. 3. & 1. celle de S. Vallier de Poictiers
print d'azur à 5. besans d'argent 2. 2. &1. au chef d'or; Celle de Soubize de mesme: celle de S. Gelais
d'argent & de Lansac au Lyon de gueules , celle de Parthenay les bureles brisees d'vn baston de
gueules pery en bande , & celle des Comtes de la Rochefoucault brizé d'vn chevron de 3. pieces de
gueules brochant sur le tout, & couppé vers le chef telles que les portent auiourd'huy François 1.
Duc de la Rochefoucault Pair de France, & François Cardinal de la Rochefoucault Abbé de
Saincte Geneuiesue du Mont & de Tournus , Conseiller d'Estat, Prelat associé à l'Ordre du sainct
Esprit : les Roys de Chypre escarteloient quelquesfois d'Armenie au 3. quartier de leur escu qui
est d'or au Lyō de gueules brizé sur l'espaule d'vne croisette d'or, contreparty de Bourbon la Mar-
che qui est d'azur à 3. fleurs de Lys d'or , 2. & 1. le baston de gueules pery en bande , chargé de 3.
Lyons d'argent.

Il mourut l'an 1440.

2.   LOuys de Bourbon Seigneur de Vebame , fils aisné de Iacques de Bourbon Seigneur de
Preaux , & de Ieanne de Vienne , portoit vn escu escartelé au 1. & 4. quartier de Bourbon-
la Marche, remarqué cy-dessus au 2. & 3. de Chastillon Luzé des Armes de son ayeule paternelle,
qui est de gueules au pal de quatre pieces de vair & au chef d'or , chargé d'vne fleur de Lys

P ij   de sable

de fable : les anciennes armes de Chaftillon eftoient d'or au Lyon de gueules, armé & lampaffé de finople.

Il expira au lict d'honneur en la bataille d'Azincourt, l'an 1415.

3. Pierre de Bourbon Seigneur de Preaux & de Vebaine 2. fils de Iacques de Bourbon, auffi Seigneur de Preaux & de Ieanne de Vienne, efpoufa l'an 1415. Elizabeth de Montagu fille aifnee de Iean Seigneur de Montagu, & de Marcouffis Vidame de Laon, & de Iacqueline de la Grange auparauant veufue de Iean Comte de Rouffi & de Brenne, il portoit vn Efcu efcartelé au 1. & 4. quartier de Bourbon-la Marche au 2. & 3. de Chaftillon Luzé & fur le tout de Vienne qu'il quitta lors du decez du Seigneur de Vebaine fon frere : la Dame fon Efpoufe portoit de mefme contreparty d'vn efcu efcartelé au 1. & 4. quartier de Montagu qui eft de gueules à 3. teftes de Leopard arrachees d'or 2. & 1. telles que les portoiet ceux de la Maifon de Montagu des Bois en Normandie : Autres difent de gueules au Lyon d'Hermines, telles que les portoient les Seigneurs de Montagu en Auuergne, & encore diuerfement, fçauoir bandé d'or & d'azur de 6. pieces à la bordure engreflee d'argent comme blafonne la branche de Montagu en Bourgongne qui eft l'efcu de Bourgongne brizé d'vne bordure engreflee, lequel fut donné à Odet Seigneur de Montagu par Hugues 4. Duc de Bourgongne au 2. & 3. de la Grange qui eft pallé & contrepallé d'or & d'azur de 6. pieces ou d'or à 3. ranchers de gueules.

Il deceda l'an 1420.

4. Iacques de Bourbon Seigneur de Tury, 3. fils de Iacques de Bourbon Seigneur de Preaux, & de Ieanne de Vienne, portoit vn Efcu efcartelé au 1. & 4. quartier de Bourbon-la Marche, au 2. & 3. de Chaftillon Luzé, & fur le tout de Vienne, l'efcu brizé en chef d'vn lambeau d'argent de 3. pieces : la Seigneurie de Thury a efté erigee en Marquifat par le Roy Henry 3. en la perfonne de Pierre de Montmorency Comte de Chafteau-villain, Baron de Fofleux, Chaftellain de Baillet & de Courtalain, Seigneur de Courcelles Grigneual, Creuecœur & Hauteuille, Grand Pannetier de France, & eft de prefent en la poffeffion des François de Montmorency Baron de Fofleux, fils vnicque de Pierre 2. du Nom, Marquis de Thury, & de Charlotte du Val de la Maifon des Vicomtes de Corbeil.

Il expira l'an 1414.

1. **C**Harles de Bourbon Seigneur de Luzé, 4. fils de Iacques de Bourbon Seigneur de Preaux, portoit d'azur à 3. fleurs de Lys d'or, le baston de gueules brizé de 3. Lyons d'argent escartelé de Chastillon qui est de gueules au pal de vair de 4. pieces & au chef d'or chargé d'vne fleur de Lys de sable: autres disent d'vne merlette. (Gilles de Chastillon Seigneur de Bouille & de Farcheuille, est de present chef des Armes de ceste Maison) & sur le tout de Vienne qui est de gueules, (autres disent d'azur) à l'Aigle esployé d'or becqué & membré d'azur, l'Escu entier brizé en chef d'vn lambeau cy-dessus blasonné chargé au milieu d'vne fleur de Lys d'azur pour autre brizeure.

Il mourut l'an 1410.

2. **C**Harles 1. du Nom 4. Duc de Bourbonnois & d'Auuergne, Comte de Clermont, de Forests & de l'Isle Seigneur de Beaujeu & de Chasteau chinon, Pair & Grand Chambrier de France, fils aisné de Iean 1. du Nom Duc de Bourbon; Et de Marie de Berry, espousa l'an 1426. le 16. Auril apres Pasques, Agnes de Bourgongne, fille de Iean Duc de Bourgongne Comte d'Artois de Flandres Palatin de Bourgongne, Pair de France surnommé sans peur, & de Marguerite de Bauiere: Il portoit pour Armoiries de Bourbon qui est d'azur à 3. fleurs de Lys d'or, & au baston de gueules pery en bande: La Duchesse son Espouse portoit pareilles Armes contreparties de la Maison de Bourgongne qui est vn escu escartelé an 1. & 4. quartier d'azur à 3. fleurs de Lys d'or ou semé de fleurs de Lys d'or, & pour brizeure des Armes de France, vne bordure componnée d'argent & de gueules qui est de la derniere branche des Ducs de Bourgongne, qui se commence à Philippes de France 4. fils du Roy Iean au 2. & 3. bandé d'or & d'azur de 6. pieces à la bordure de gueules qui est de la 1. branche des mesmes Ducs qui se commence à Robert de France fils du Roy Robert. Les anciens Roys de Bourgongne qui furent deffaits par les successeurs de Clouis, portoient d'or au chat de sable & auec plus de certitude d'argent à la Guiure de sinople, la gueule beante de gueules, du depuis ils s'attribuerent le blason des Roys d'Austrasie qui estoit bandé d'or & d'azur de 6. pieces, & y adjousterent la bordure de gueules comme cy dessus, & lors que le pays de Bourgongne perdit le tiltre de Royaume, & qu'il fut diuisé en tiltre de Duché & Comté les Ducs se reseruerét les antiénes armes & les Comtes Palatins choisirent d'a-

Q ij   zur

zur au Lyon d'or armé & lampaſſé de gueules , l'eſcu ſemé de billetets d'or : & ſur le tout de flandres qui eſt d'or au Lyon de ſable , armé & lampaſſé de gueules.

*Il expira au Chaſteau de Moulins en Bourbonnois le 1. iour de Decembre l'an 1456. & la Ducheſſe
ſa femme le premier iour de pareil moys l'an 1476. & ſont inhumez
au Prieuré de Souuigny.*

5. **L**Ouys de Bourbon Comte de Foreſts 2. fils de Iean 1. Duc de Bourbon & de Marie de
Berry portoit vn Eſcu eſcartelé au 1. & 4. quartier de Bourbon cy-deſſus au 2. & 3. de Berry
qui eſt d'azur ſemé de fleurs de Lys d'or à la bordure engreſlée de gueules.

Il mourut l'an 1412.

4. & 1.　LOuys de Bourbon Comte de Montpensier & Seigneur de Combraille, surnommé le Bon, 3. fils de Iean 1. Duc de Bourbon, espousa en 1. nopces le 8. Decembre l'an 1426. Ieanne d'Auuergne fille & heritiere de Bertrand le Ieune, Comte Dauphin d'Auuergne, & de Ieanne de la Tour : Et en 2. nopces espousa le 24. Feurier l'an 1447. par dispense du Pape Vrbain 7. Gabrielle de la Tour fille de Bertrand 5. du Nom, Baron de la Tour, Comte de Boulongne & Auuergne, & de Iacqueline de Peschin : Il portoit de Bourbon qui est d'azur à 3. fleurs de Lys d'or au baston de gueules, & pour brizeure des plaines armes de Bourbon, chargea le baston vers le chef timbré d'or d'vn Dauphin d'azur : autres disent le baston de gueules chargé d'vn Dauphin d'or : La Comtesse sa 1. femme portoit d'or au Dauphin pasmé d'azur, cresté & oreillé d'argent ou d'azur au Dauphin pasmé d'or selon quelques-vns, qui est l'Escu des Dauphins d'Auuergne : La 2. portoit vn Escu escartelé au 1. & 4. quartier de la Tour qui est d'azur à la Tour d'argent massonnee de sable, l'Escu semé de fleurs de Lys d'or : Aucuns adioustent à la fleur de Lys nourrie en chef ou à la double fleur de Lys à plein relief, & encore diuersement à la Tour d'argent accompagnee de 6. fleurs de Lys d'or ; les antiennes Armes de ceste Maison n'auoient autre charge que la Tour cy-dessus blasonnee ; & Guillaume de la Tour fut le premier qui porta son Escu semé de France par octroy du Roy Philippes 6. Ainsi Charlemaigne permist à Thierry Prince d'Austrasie, de brizer ses Armes d'vne berdure au blason de France, & Philippes 4. à Adam de Vallemonde de porter son Escu party des Armes de France. Charles 5. accorda à Geruais Chrestien Seigneur de Vendes, Conseiller d'Estat, & premier Medecin de sa Majesté, de porter 3. fleurs de Lys au pied noutry outre l'antien blason de ses armes, & à Iean le Maigre Seigneur de Bouciquault, Mareschal de France, & Gouuerneur de Gennes, de brizer l'Aigle de son Escu d'vne fleur de Lys d'or : Et Charles 6. à Iean Galeas Duc de Milan & Comte de Vertus, d'escarteler ses Armes de France au quartier d'hôneur comme porte la Chartré qui est du 10. May l'an 1432. Il dôna pareil priuilege à Nicolas Duc de Ferrare, à la charge de briser ce quartier d'vne bordure endentee d'or & de gueules. Et Charles 7. donna par maniere de rescompence honoraire à Iacques d'Arc, souche de la branche d'Arc qui a produit plusieurs Nobles familles, & frere de Ieanne d'Arc surnommee la Pucelle d'Orleans, tant de fois canonizee par les Histoires, vn Escu timbré de la couleur de France à vne couronne royale d'or soustenuë d'vne espee d'argent, croizee & pommettee d'or perie en pal costoyee de 2. fleurs de Lys aussi d'or, & du depuis honora d'vne fleur de Lys en

R ij　　　chef

chef, Iean d'Anneau, en recognoissance de ce qu'il auoit pris prisonnier le Comte de Tallebot Anglois en la bataille de Pathay prés Orleans: Et le Roy Charles 9. permist à Adrian le Haguais pour ses loüables seruices, de porter outre ses Armoiries vn chef d'azur chargé d'vn Croissant d'argent, tiré de la deuise du Roy Henry second son Pere (contenant trois Croissans d'argent, entrelassez & animez de ces mots, *Donec totum impleat orbem*) & accosté de 2. fleurs de Lys d'or : Et le Roy Henry 4. permist à Louys de l'Hospital Baron de Vitry, Cheualier des 2. Ordres, 1. Capitaine des Gardes du Corps de sa Majesté, Lieutenant general en Brie & Gouuerneur de Meaux, apres la reduction d'icelle ville en son obeyssance, de porter vn Escusson d'azur chargé d'vne fleur de Lys d'or soustenu au col du Coq d'argent en champ de gueules que porte d'antiquité ceste Maison : Sadite Majesté permist pareillement à Charles Comte de Disimieu, Cheualier Gentilhomme ordinaire de la Chambre du Roy de present reignant, Capitaine de 50. hommes d'armes de ses Ordonnances, Lieutenant pour sa Majesté au Viennois, & Gouuerneur de Vienne, de brizer d'vne fleur de Lys d'or, l'Escu de Clermont (qu'il porte au 2. & 4. quartier de son Escu comme allié, tant en la personne de ses predecesseurs de la Maison de Clermont, Princes de Besignan & Comtes de Tonnerre en Dauphiné, que par l'alliance qu'il a contractee auec Marguerite de Budos, fille de Iacques de Budos Vicomte de Portes ; & de Catherine de Clermont fille de Claude de Clermont, Baron de Montoison) en faueur de l'obeyssance qu'il auoit par sa vigilance pratiquee dans Vienne en suitte des factions de la Ligue : ainsi Sebastien Zamet pour s'estre rendu aggreable à sa Majesté, receut vne fleur de Lys d'or en chef : & Guillaume Foucquet Marquis de la Varenne, Baron de S. Susanne, General des Postes de France & Gouuerneur d'Angers, receut en don du mesme Roy, vn Collier d'azur semé de fleurs de Lys d'or, bouclé & bordé d'argent, dont est accollé vn Leurier rampant d'argent en champ d'azur que portent ses descendans pour blason de leurs Armes. Finalement l'on peut dire de tous ceux qui sont cy-dessus remarquez, ce qui est dit de Ioseph & de Mardochee ; l'vn fauoris de Pharaon Roy d'Egypte, & l'autre d'Assuerus Roy de Perse : Ainsi est honoré celuy qu'il a pleu au Roy honorer. Au 2. & 3. quartier d'Auuergne qui est d'or au Gonfanon de 3. pantes de gueules frangé de sinople qui est le Gonfanon de l'Armee Chrestienne, pris par Baudoüin Comte de Boulongne & Auuergne, frere puisné de Geoffroy Duc de Boüillon : Les Comtes d'Auuergne portoient auparauant d'or au Griffon couppé de gueules & de sinople, & sur le tout de Boulongne qui est d'or à 3. tourteaux de gueules 2. & 1. les antiens Comtes de Boulongne portoiët pallé d'argent & de sable de 6. pieces : l'aineelle des Armes de ces Maisons, est de present en la possession de Frideric Maurice de la Tour, fils aisné de Henry de la Tour, Duc de Boüillon, Prince souuerain de Sedan, Comte de Montfort & de Negrepliste, Vicomte de Turaine, Mareschal de France.

2. IEan de Bourbon Euesque du Puy & Abbé de Cluny, 4. fils de Iean 1. Duc de Bourbon, fut sacré Euesque l'an 1443. & esleu Abbé l'an 1457. Il portoit les plaines Armes de Bourbon.

3. ALexandre de Bourbon Seigneur de Chasteauchinon, fils naturel de Iean 1. Duc de Bourbon, portoit de Bourbon qui est d'azur à 3. fleurs de Lys d'or & au baston de gueules commençant au costé senestre de l'Escu.

4. MArguerite de Bourbon fille naturelle de Iean 1. Duc de Bourbon, portoit comme cy-dessus.

        1. Eleonor

1. **E**Leonor de Bourbon, Comtesse de la Marche & de Castres, Duchesse de Nemours, fille vnicque de Iacques de Bourbon Roy de Naples, Sicile & Hongrie, Comte de la Marche, & de Beatrix de Nauarre, espousa le 4. iour de Septembre l'an 1414. Bernard d'Armaignac Comte de Perdriac & de Murat, 2 fils de Bernard Comte d'Armaignac & de Rhodais, & de Bonne de Berry fille aisnée de Iean de France Duc de Berry & de Ieanne d'Armaignac : Elle portoit de l'alliance du Comte son mary, vn Escu escartelé au 1. & 4. d'Armaignac qui est d'or au Lyon de gueules, armé & lampassé d'argent au 2. & 3. de Guyenne, qui est de gueules au Leopard lyonné d'or armé & lampassé d'azur, (les anciennes estoient tymbrees d'vn Escu lozengé d'or & de gueules) & sur le tout pour brizeure de Berry qui est d'azur semé de fleurs de Lys d'or, à la bordure engreslee de guenles contreparty aussi d'azur à 3. fleurs de Lys d'or 2. & 1. le baston de gueules pery en bande chargé de 3. Lyons d'argent qui est de Bourbon-la Marche.

Elle mourut l'an 1470.

2. **I**Ean de Bourbon 2. du Nom, Comte de Vendosme, Seigneur d'Espernon & de Montdoubleau, fils vnicque de Louys de Bourbon Comte de Vendosme, & de Ieanne de Laual sa 2. femme, espousa l'an 1446. Isabeau de Beauueau, fille vnicque & heritiere de Louys Seigneur de Beauueau, de Champigny & de la Roche-suryon, Seneschal d'Anjou, & de Marguerite de Chambley : Il succeda aux pleines Armes de la branche de Bourbon-la Marche, apres le deceds de Iacques Roy de Naples & Comte de la Marche, parce qu'il auoit, *Tractum successiuum tamquam proximor Agnatus*: La Comtesse son Espouse portoit pareilles Armes contrepartyes de Beauueau qui est d'argent à 4. Lyons de gueules couronnez d'azur 2. & 2. la Seigneurie d'espernon a esté erigee en Duché & Pairrie par le Roy Henry 3. en la personne de Iean Louys de Nogaret, portant lors la qualité de Marquis de la Valette.

Il alla de vie à trespas l'an 1477.

3. **I**Ean de Bourbon Seigneur de Preaux & de Vançay, Cheualier de l'Ordre du Chardon Nostre Dame, fils naturel de Louys 1. du Nom, Comte de Vendosme, espousa l'an 1460. Ieanne

S ij

d'Illiers

d'Illiers fille de Iean Seigneur d'Illiers ; la succession de laquelle famille, est du de puis deuoluë en partie en la Maison d'O par l'alliance de Iean Seigneurs d'O, & de Manou 1. Capitaine des Gardes du Corps de sa Majesté, auec Helene d'Illiers, desquels sont descendus François Seigneur d'O de Fresne & de Maillebois, Cheualier des 2. Ordres du Roy, Maistre de la Garderobe de sa Majesté, Intendant General des finances, & Gouuerneur de Paris & Isle de France (qui espousa Charlotte Catherine de Villequier Comtesse de Cleruaux fille de René Seigneur de Villequier, Baron d'Aubigny & Iury, Vicomte de la Guerche, Cheualier des 2. Ordres du Roy 1. Gentil-homme de sa Chambre, Gouuerneur de Paris & isle de France, duquel estant demeuree veufue elle espousa en 2. nopces Iacques d'Aumont Barō de Chappes, & Preuost de Paris) Iean d'O Che-ualier, des 2. Ordres, Capitaine des Gardes. René Maistre de Camp en Champaigne: Louys qui fut tué à Anuers: Charles Seigneur de la Ferriere, & Françoise qui espousa Louys d'Angênes Seigneur de Maintenon, & Baron de Mellay, Cheualier des 2. Ordres du Roy, & Capitaine de 50. hommes d'Armes de ses Ordonnances, pere & mere de Charles d'Angennes Seigneur de Maintenon, de Iac-ques d'Angennes Conseiller d'Estat, Euesque de Bayeux, premier Suffragāt de Normādie, & Prieur de Moustiers; de Henry aussi Seigneur de Maintenon & de Moustiers, Cheualier Gentilhomme ordinaire de la Chambre du Roy, & Gouuerneur de Chartres, en suitte du Seigneur de Linieres de la Maison de Courtenay, duquel il auoit espousé la fille nommee Marie de Courtenay, de Iean Seigneur de Bertoncelles, allié de Catherine de Pommereil de la Maison de Moulinchapel, & de Marie femme de Louys Seigneur d'Aumont, Cheualier, Gouuerneur de Boulongne, Lieute-nant General pour sa Majesté au Boulonnois; & Guines fils de Iean Seigneur d'Aumont, & Comte de Chasteau roux, Cheualier des 2. Ordres, & Capitaine de 100. hommes d'armes, Mareschal de France : & en partie en la Maison de Daillon par l'alliance de Iacques Baron du Lude & de Brien-zon, Seigneur de Saultere Chambellan ordinaire du Roy, Cheualier & Seneschal d'Anjou qui espousa Ieanne d'Illiers, de laquelle il eut Iean Comte du Lude, duquel & d'Anne de Batarnay, sortirent entr'autres enfans Guy de Daillon Comte du Lude Baron d'Illiers, Cheualier & Gou-uerneur de Poictou, & Françoise de Daillon femme de Iacques Seigneur de Matignon, Comte de Thorigny Cheualier des 2. Ordres Mareschal de France : de Guy de Daillon & d'Anne de la Fayette sortit Antoinette femme de Philbert Seigneur de la Guiche Cheualier des 2. Ordres Gou-uerneur de Lyon & de Bourbonnois, Grand Maistre de l'artillerie de France, la fille aisnee du-quel a espousé Pierre de Matignon Comte de Thorigny, Lieutenant general an Gouuernement de Normandie, Maistre de camp és armées du Roy en Italie, frere aisné de Leonor de Matignon Baron de S. Lo, Euesque de Coustances & Abbé de Lesey, & de Iacques Baron de Gazey : & François Comte du Lude, & de Pontgibauld Baron du Chesnedoré, & de Magné Cheualier des 2. Ordres a delaissé de Françoise de Schomberch Timoleon de Daillon, de present Comte du Lude & Marquis d'Illiers : : Il portoit de Bourbon le baston passant de gaucheà droict, & fut fait Che-ualier à Moulins l'an 1451. par Iean 2. Duc de Bourbon : La Dame son Espouse portoit pareilles Armes contreparties d'Illiers qui sont d'or à 6. anelets de gueules 3. 2. & 1.

Il mourut l'an 1470.

4. **L**Ouys de Bourbon Seigneur de l'Escluse, fils aisné de Iean de Bourbon Seigneur de Caren-cy, portoit de Bourbon la Marche à la bordure de gueules pour brizeure.

Il expira l'an 1488.

38

1. PIerre de Bourbon Seigneur de Carency 2. fils de Iean de Bourbon Seigneur du mesme lieu, portoit d'azur à 3. fleurs de Lys d'or, le baston de gueules pery en bande chargé de 3. Lyons d'argent & à la bordure de gueules chargee d'vn bezan d'or pozé en chef pour brizeure.

Il mourut l'an 1480.

2. IAcques de Bourbon Seigneur d'Aubigny, de Rochefort & de Busquoy, 3. fils de Iean de Bourbon Seigneur de Carency, espousa l'an 1444. Antoinette de la Tour fille d'Annet de la Tour, Baron d'Oliergues, puisné de la Maison de Turaine & d'Alix de Vendat : Il portoit de Bourbon-la-Marche, & pour brizeure la bordure componnee d'or & de gueules : La Dame son Espouse portoit de mesme contreparty de la Tour-Oliergues, qui est d'azur à la Tour d'argent massonnée de sable, l'Escu semé de fleurs de Lys d'or & au lambeau d'argent de 3. pieces pour brizeure. *Il mourut l'an 1479.*

3. PHilippes de Bourbon Seigneur de Duisant, 4. fils de Iean de Bourbon Seigneur de Carency, Espousa l'an 1450. Catherine de Lalain fille de Sance de Lalain Seigneur de Robertsat, & de Marie de Lannoy, les Armes duquel estoiét de Bourbó Carency brizees d'vne bordure echiquetee d'or & de gueules : La Dame son Espouse portoit semblables Armes contreparties d'vn Escu escartelé, sçauoir au 1. & 4. quartier de gueules à 10. lozenges d'argent posees en pal 3. 3. 3. & 1. qui est de Lalain, dont les Comtes de Mansfeld escartelent leurs Armes au 2. & 3. d'or à 3. Lyons de sinople couronnez d'argent, lampassez de gueules & armez de sable qui est de Lannoy ; autres blasonnent d'argent à 3. Lyons de sable couronnez d'or & lampaissez cóme cy-dessus, ainsi que les portoient les Seigneurs de Santes, de Vuillerual & de Mollembais ; les Seigneurs de Frenoye portent les Lyons de sinople, l'Escu brizé d'vne bordure engreslee de gueules : Taneguy de Lannoy Seigneur de Cricqueuille Conseiller d'Estat & Maistre des Requestes de l'Hostel du Roy, les porte diuersement, sçauoir d'argent à l'Aigle de sable.

Il mourut l'an 1478.

4. MArie de Bourbon fille de Iean de Bourbon Seigneur de Carency, & de Catherine d'Artois, espousa l'an 1450. Iean de Beyne Seigneur de Croye : elle portoit de gueules à 3. annelets d'argent 2. & 1. qui est de Beyne, contreparty de Bourbon-Carency.

Elle mourut l'an 1461.

T ij   1. Leonnet

39

1. **L**Eonnet de Bourbon Seigneur d'Aubigny, fils naturel de Iean de Bourbon, Seigneur de Carency, portoit d'azur à 3. fleurs de Lys d'or, le bafton de pourpre commençant au cofté feneftre de l'Efcu.

Il mourut l'an 1486.

2. **I**Ean de Bourbon Seigneur de Rochefort, autre fils naturel de Iean de Bourbon, Seigneur de Carency, portoit comme fon frere cy-deffus, la pointe de l'Efcu couppée d'argent.

Il mourut l'an 1488.

3. **I**Eanne de Bourbon fille naturelle de Iean de Bourbon Seigneur de Carency, portoit de Bourbon le bafton de pourpre, commençant au cofté feneftre de l'Efcu.

Elle mourut l'an 1496.

4. **C**Atherine de Bourbon autre fille naturelle de Iean de Bourbon Seigneur de Carency, portoit comme cy-deffus.

Elle mourut l'an 1487.

40

I. **A**Ndriette de Bourbon 3. fille naturelle de Iean de Bourbon Seigneur de Carency, portoit d'azur à 3. fleurs de Lys d'or, le baston de pourpre commençant au costé senestre de l'Escu.

Elle mourut l'an 1488.

2. 3. & 4. **I**Ean 2. du Nom 6. Duc de bourbonnois & d'Auuergne, Comte de Clermont de Forests, de l'Isle en Iourdain & de Villars, Cheualier de l'Ordre S. Michel, Pair, Connestable & grand Chambrier de France, Gouuerneur de Guyenne sous l'authorité du Roy Louys 11. fils aisné de Charles 1. Duc de Bourbon, & d'Agnes de Bourgongne; espousa en 1. nopces en Nouembre l'an 1450. Ieanne de France fille du Roy Charles 7. & de la Royne Marie d'Anjou: puis en 2. nopces en Aoust l'an 1484. Catherine d'Armaignac fille de Iacques d'Armaignac Duc de Nemours, Pair de France & Comte de la Marche, & de Charlotte d'Anjou: Et en 3. nopces en Iuin l'an 1487. Ieanne de Bourbon fille de Iean de Bourbon Comte de Vendosme, & d'Isabeau de Beauueau: Il portoit pour Armoiries de Bourbon qui est d'azur à 3. fleurs de Lys d'or & au baston de gueules pery en bande; les Duchesses ses femmes portoient de mesme, la 1. contreparty de France qui est d'azur à 3. fleurs de Lys d'or 2. & 1. la 2. d'Armaignac, qui est d'or au Lyon de gueules armé & lampassé d'argent escartelé de Guyenne qui est de gueules au Leopard Lyonné d'or armé & lampassé d'azur: Le port des Armes de Guyenne fut permis à la Maison d'Armaignac par Guillaume 8. Duc de Guyenne, Pair de France & Comte de Poictiers, le nom d'Aquitaine demeurant aboly, les Armes antiennes qui estoient lozengees d'or & de gueules prindrent fin, & au mesme temps le pays de Guyenne fut erigé en tiltre de Duché; Et le Roy S. Louys ordonna que ledit Duché porteroit pour ses Armes de gueules au Leopard d'or: la 3. portoit de Bourbon-la-Marche, ou Bourbon-Vendosme qui est comme cy-dessus au baston de gueules chargé de 3. Lyons d'argent: Il fut fait Cheualier par le Roy Louys 11. l'an 1469. & Charles 2. du Nom Duc de Bourbon cy-apres luy succeda à la charge de Connestable, laquelle fut vaccante l'espace de 24. ans.

Il deceda le 1. iour d'Auril l'an 1488. dans son Chasteau de Moulins, & gist au Prieuré de Souuigny:
Et la Duchesse sa 1. femme le 4. May 1482. La 2. le 2. Mars 1486. Et la 3. en Nouembre 1498.

1. **P**Hilippes de Bourbon Seigneur de Beaujeu 2 fils de Charles 1. Duc de Bourbon, portoit de Bourbon qui eſt d'azur à 3. fleurs de Lys d'or, le baſton de gueules brizé de 3. Dauphins d'or.

Il mourut l'an 1440.

2. **C**Harles de Bourbon Seigneur de Beaujolois, Cardinal du ſiege Apoſtolicque, Archeueſque & Comte de Lyon, Primat de France, Abbé de S. Vuaſt d'Arras, & de S. Benoiſt, 3. fils de Charles 1. du Nom Duc de Bourbon, fut ſacré Archeueſque l'an 1476. fut creé par le Pape Sixte 4. Cardinal du Titre de S. Martin des Monts- Legat d'Auignon, perpetuel adminiſtrateur de l'Archeueſché de Bordeaux, & par diſpenſe fut fait Eueſque de Clermont, & au meſme temps fut pourueu du Gouuernement de Paris par le Roy Louys 11. Il portoit pour Armoiries de Bourbon qui eſt d'azur à 3. fleurs de Lys d'or au baſton de gueules pery en bande, & pour deuiſe, vne main tenant vne eſpée flamboyante animee de ces mots : *Deſeſpoir, ny Pœur*, les Armes de la Seigneurie de Beaujolois, ſont de Flandres le Lyon brizé d'vn lambeau de 5. pieces d'azur: autres diſent de gueules. Meſſire François d'Eſcoubleau Cardinal de Sourdis Conſeiller d'Eſtat, fils de François d'Eſcoublean, Seigneur de Sourdis & de Iouy; Marquis d'Alluze Cheualier des Ordres, premier Eſcuyer du Roy, Gouuerneur de Chartres, eſt de preſent Archeueſque de Bordeaux. Meſſire Armand du Pleſſis Cardinal de Richelieu, Conſeiller du Roy en ſes Conſeils d'Eſtat & priué, Abbé de Redon & de Chaalons, fils de François du Pleſſis Seigneur de Richelieu, Cheualier des 2. Ordres du Roy, Grand Preuoſt de France, eſt Abbé de S. Benoiſt. Denys de Marquemont en ſuitte de Pierre de Believre (fils de Pompone de Believre, Cheualier & Chancelier de France, predeceſſeur de Meſſire Nicolas Brulart Seigneur de Sillery, Vicomte de Puiſieux, & de Meſſire Nicollas d'Alligre Conſeiller du Roy en ſes Conſeils, Cheualier, & de preſent Chancelier de France) eſt Archeueſque de Bordeaux Iean de Noüaille eſt Eueſque de Clermont. François Barberin nepueu du Pape Vrbain 8. maintenant ſeant à Rome, eſt Legat d'Auignon : Dom Philippes de Cauerelle eſt Abbé d'Arras : Et Hercules de Rohan Duc de Montbazon Pair de France, Comte de Rocheforr, & Cheualier des 2. Ordres du Roy, eſt Gouuerneur de la ville de Paris.

Il deceda à Lyon le 13. Septembre l'an 1488. & ſa ſepulture eſt eſleuce dans l'Egliſe de S. Iean d'Icelle ville.

X   3. Pierre

3. **P**Ierre 2. du Nom & 7. Duc de Bourbonnois & Auuergne, Comte de Clermont, de Forests, de la Marche & de Gien, Vicomte de Carlat & de Murat, Seigneur de Beaujolois & de Bourbon-lancy, Pair, grand Chambrier & Regent en France 4. fils de Charles 1. Duc de Bourbon, & successeur de Iean 2. Duc de Bourbon, son frere aisné espousa l'an 1465. Anne de France fille de Louys 11. du Nom Roy de France, & de la Royne Charlotte de Sauoye : Il portoit de Bourbon & la Duchesse son Espouse, portoit de mesme contrepatty de France qui est d'azur à 3. fleurs de Lys d'or 2. & 1.

Il alla de ceste vie en vne meilleure le 10. Octobre l'an 1505. estant lors à Moulins, & la Duchesse sa femme le 14. iour de Nouembre 1522. & sont enseuelis au Prieuré de Souuigny.

4. **L**Ouys de Bourbon, Euesque du Liege, Prince de l'Empire 3. Fils de Charles 1. du Nom Duc de Bourbon : portoit les plaines armes de Bourbon en qualité de Prelat.

Il fut occis en vne sedition populaire qui s'esmeut en la ville du Liege l'an 1482.

1. **I**Acques de Bourbon Comte de la Marche, Chevalier des Ordres de France & de Bourgongne, 9 fils de Charles 1. du Nom Duc de Bourbon, & d'Agnes de Bourgongne, portoit vn Escu escartelé au 1. & 4. quatier de Bourbon au 2. & 3. de Bourgôgne de la derniere branche qui est de France à la bordure componnee d'argent & de gueules contr'escartelé au 2. & 3. quanton de la 1. brâche qui est bandé d'or & d'azur de 6. pieces à la bordure de gueules & sur le tout de flandres qui est d'or au Lyon de sable, armé & lampassé de gueules: Les antiens Comtes de flandres portoient pallé d'or & d'azur de 6. pieces, lesquelles armes furent changees par le Comte Robert surnommé le frizon: Il fut creé Chevalier de l'Ordre S. Michel l'an 1471. en la ville d'Amboise par le Roy Louys 11. Instituteur de cet Ordre, qu'il establit apres la suppression de l'Ordre de l'Estoille, en l'honneur de S. Michel, pour remercier Dieu des victoires acquises par les François sur les Anglois, qui se peuvent dire obtenuës plutost par la vertu tutelaire des Anges, que par la force naturelle des hommes: Il auoit l'an 1468. auparauant estre receu dans Bruges en l'Ordre de la Toison d'or par Charles Duc de Bourgongne fils de Philippes 2. qui establit cét Ordre l'an 1429. en l'honneur de S. André dont il portoit la Croix en ses estendarts & deuises, & en memoire de la conqueste faicte par Iason de la Toison d'or en Colchos, ayant pris ceste glorieuse despoüille pour modelle de ses desseins, ou ce fut si l'on se porte hors les fables, afin de representer la valeur de Gedeon en la deffaicte des Madianites, ou selon les autres pour naifuement declarer la fertilité des pasturages du païs de son obeyssance.

Il deceda à Bruges l'an 1479.

2. **M**Arie de Bourbon, fille aisnee de Charles 1. du Nom Duc de Bourbon, & d'Agnes de Bourgongne, espousa en Auril l'an 1437. Iean d'Anjou Duc de Calabre & de Lorraine, Prince de Geronde & de Seruieres, Chevalier de l'Ordre du Croissant, fils aisné de René Roy de Sicile, Naples Hongrie, Hierusalem, Arragon, Valence, Majorque & Sardaigne Duc d'Anjou, Pair de France, Comte de Barcelone, Prouence, Forcalquier & Piedmont, fondateur de l'Ordre du Croissant d'argent (descendu de la derniere branche d'Anjou qui se commence à Louys de France Duc d'Anjou & de Touraine) & d'Isabeau Duchesse de Lorraine & de Bar, fille de Charles 1. Duc de Lorraine: Elle portoit pour Armoiries vn Escu tiercé en chef & party en la pointe 1. de Hongrie qui est fasé d'argent & de gueules de 8. pieces party d'Anjou, Naples qui est d'azur semé de

Y   mé de

mi de fleurs 1. Lys d'or au lambeau de gueules de 3. pieces pozé en chef, tiercé de Hierusalem qui est d'argent à la Croix potencee d'or, quantonnee de 4. croix couppees de mesme, soustenu au 1. de la pointe d'Anjou qui est d'azur semé de fleurs de Lys d'or à la bordure de gueules party de Bar, qui est d'azur à 2. Bars addossez d'or dentez & allumez d'argent, l'Escu semé de croix cecroisees au pied fiché pareillement d'or, & sur le tout d'Arragon ou de Prouence qui est d'or au pal de 4. pieces de gueules. Louys 3. du Nom Roy de Naples & de Sicile Duc d'Anjou, fils aisné de Louys 2. & d'Yoland d'Arragon, fille vnicque de Iean 1. du Nom Roy d'Arragon, sur laquelle Martin d'Arragon son oncle, frere du Roy son Pere, vsurpa le Royaume d'Arragon, fut le premier de ceste Maison qui porta les armes d'Arragon ou Prouence, lesquelles sont fondees sur telle conception; l'Empereur Charles le Chauue voyant Geoffroy surnommé le Velu, Comte de Barcelone, tout couvert de sang (apres vne bataille en laquelle les Normands l'auoient mis en fuitte) auec vn bouclier d'or sans charge, trempa les 4. doigts de sa main droicte dedans ses playes & y imprima 4. paulx qui ont seruy de blason à luy & à ses descendants, Comtes de Barcelone & Prouence, & aux Comtes; du depuis intitulez Roys d'Arragon & de Majorque, les anciens Vicomtes de Prouence portoient de gueules à vne demie Croix d'or party d'or à vne demy Comette de gueules, & les Comtes d'Arragon d'azur à la croix patee au pied fiché d'argent, que quitta Pierre Roy d'Arragon pour prendre celles du Comté de Barcelone cy-dessus : La Duchesse son Espouse portoit semblables armes contrepartyes de Bourbon qui est d'azur à 3. fleurs de Lys d'or, & au baston de gueules pery en bande. Il fut fait Cheualier à Angers l'an 1464.

Elle alla de ceste vie en l'autre l'an 1448. & le Duc son Espoux l'an 1470. gisent à Barcelone.

3. ISabelle de Bourbon 2. fille de Charles 1. Duc de Bourbon & d'Agnes de Bourgongne, espousa le 30. Octobre l'an 1454. en la ville de l'Isle, Charles Duc de Bourgongne, de Brabant, Lothier, Lembourg, Luxembourg & Gueldres, Comte de Flandres, Artois, Palatin, de Bourgongne, de Hainaut, Hollande, Zelande, Namur, Zutphen, Mascon, Auxerre & Charolois, Marquis du S. Empire, Pair de France, Seigneur de Frise, de Salins, & Malines surnommé le Guerrier, fils de Philippes 2. du Nom aussi Duc de Bourgongne autheur de l'Ordre S. André dit de la Toison d'or, & d'Isabelle de Portugal; de ceste alliance est sortie Marie Duchesse heritiere de Bourgongne, qui espousa l'Archiduc Maximilian d'Austriche, du depuis esleu Roy des Romains & Empereur d'Allemaigne, fils de l'Empereur Frideric 3. Elle portoit de l'alliance du Duc son Mary, vn Escu escartelé au 1. de Bourgongne, le moderne qui est d'azur à 3. fleurs de Lys d'or ou sans nombre, & à la bordure componnee d'argent & de gueules au 2. quartier de Bourgongne l'antien qui est bandé d'or & d'azur de 6. pieces à la bordure de gueules party de Brabant qui est de sable au Lyon d'or armé & lampassé de gueules au 3. pareillement de l'antienne branche de Bourgongne party de Lembourg qui est d'argent au Lyon de gueules, la queuë fourcheuë & croizee en sautoir armé & lampassé d'or (diademé d'or selon quelques vns) au 4. de mesme que au 1. & sur le tout de Flandres qui est d'or au Lyon de sable, armé & lampassé de gueules contreparty de Bourbon qui est comme cy-dessus.

Elle deceda à Anuers le 23. Septembre l'an 1465. & est inhumee en l'Abbaye de S. Michel : le Duc son Mary fut tué en la bataille de Nancy le 6. iour Ianuier 1477. & gist à S. Georges dudit lieu.

4. CAtherine de Bourbon 3. fille de Charles 1. du Nom Duc de Bourbon, espousa l'an 1465. Adolphe d'Egmond Duc de Gueldres, fils d'Arnoul aussi Duc de Gueldres : Elle portoit de l'alliance du Duc son mary de Gueldres qui est d'azur au Lyon contourné d'or, couronné, armé & lampassé de gueules party de Flandres, qui est comme cy dessus contreparty de Bourbon, les Comtes & Ducs de Gueldres portoient leurs armes parties de celles de Flandres, d'autant que Regnault Comte de Gueldres espousa Marguerite de Flandres vefue d'Alexandre Prince d'Escosse, fils aisné d'Alexandre Roy d'Escosse, fille de Guy Comte de Flandres, Pair de France, & sœur de Iean de Flādres Comte de Namur cy deuant remarqué de ce mariage sortit Philippes de Gueldres femme de René Duc de Lorraine, desquels descendirent Antoine Duc de Lorraine, & Claude de Lorraine 1. Duc de Guyse, ce qui est dit pour l'intelligence des armes de ceste Maison cy-apres representees: quelques-vns font escarteler le Duc Adolphe de l'Escu d'Egmond qui est chevronné d'or & de gueules de 8. pieces côtr'escartelé d'Arkel qui est de gueules à la face bretesee & contre-bretesee d'argent.

Elle deceda l'an 1477. & le Duc son Mary fut occis la mesme annee prés Tournay.

Y ij   1. Ieanne

[illegible]

45

1. **I**Eanne de Bourbon 4. fille de Charles 1 Duc de Bourbon, espousa l'an 1461. Iean de Chalon Prince d'Orenge, fils de Guillaume de Chalon aussi Prince d'Orenge: Elle portoit de la branche du Prince son mary, vn'Escu escartelé au 1. & 4. quartier de gueules à la bande d'or qui est de Chalō au 2. & 3. d'or au cor d'azur virollé & lié de gueules qui est d'Oége cōtreparty de Bourbō qui est d'azur à 3. fleurs de Lys d'or & au bastō de gueules. La Principauté d'Oége de la Maison de Chalon est passee en celle de Nassau par l'alliance de Claude de Chalon (fille de Iean de Chalon Prince d'Orenge, Comte de Tonnerre, Seigneur d'Arlay & d'Argueil, Lieutenant general pour le Roy Charles 6. en Bretaigne, sœur & heritiere de Philbert de Chalon aussi Prince d'Orenge, Vice Roy de Naples, & Lieutenant general pour l'Empereur Charles 5. en Italie) auec Henry Comte de Nassau pere de René, de Chalon & de Nassau, Prince d'Orenge qui institua heritier en la Principauté d'Orenge, Guillaume de Nassau son cousin, aux charges & conditions que le Nom & les armes de Chalon seroient affectees à la branche des Comtes de Nassau, de laquelle est de present chef Henry de Nassau & de Chalon, Prince d'Orenge & Comte de Nassau, General des Prouinces vnies.

Elle deceda l'an 1 4 6 4.

2. **M**Arguerite de Bourbon 5. & derniere fille de Charles 1. du Nom Duc de Bourbon, espousa en Ianuier l'an 1471. Philippes Duc de Sauoye 1. du Nom, lors surnommé Comte de Bresse & de Baugie, 1. Duc de Nemours, Cheualier de l'Ordre S. Michel & Gouuerneur de Dauphiné, 7. fils de Louys 2. Roy de Chypre & Duc de Sauoye, & frere d'Amedee dit le Vertueux, aussi Duc de Sauoye (qui espousa Yoland de France 2. fille du Roy Charles 7.) & de Louyse femme du Roy Louys 11. lequel le fist Cheualier de son Ordre, & son Lieutenant general en Dauphiné, Duc de Nemours & Pair de France: de ceste alliance descendirent le Duc Philbert 2. du Nom, qui espousa Marguerite d'Austriche fille de l'Empereur Maximilian 1. & Louise de Sauoye femme de Charles d'Orleans, Duc d'Angoulesme, Pair de France, Comte de Valois, pere & mere du Roy François 1. laquelle Duchesse Louise pretendit le Duché de Bourbon, contre Charles Duc de Bourbon 1. du Nom Connestable de France, apres le deces de la Duchesse Susanne à la representation de sa mere, ce qui l'inuita par telles poursuittes de conceuoir le mescontentement qui l'obligea depuis d'abandonner le climat de France pour s'aller joindre à l'Empereur Charles 5. qui

lors estoit en armes dans l'Italie. De sa 2. femme Claude fille du Comte de Ponthieure, il eut le Duc Charles 1. qui succeda à Philippes son frere, & espousa Beatrix de Portugal fille d'Emanuel Roy de Portugal : Philippes de Sauoye Duc de Nemours, Comte de Geneuois & de Montagur, pere de Iacques aussi Duc de Nemours, Cheualier de l'Ordre S. Michel, qui espousa Anne de Ferrare & d'Est, Duchesse de Montargis & Comtesse de Chartres, fille de Hercules d'Est Duc de Ferrare & de Modene, & de Renee de France fille du Roy Louys 11. & veufue de Henry Duc de Guyse & de Mayenne, Pair & grand Maistre de France, desquels est descendu Henry de present Duc de Nemours, Pair de France, Prince de Geneuois & Marquis de S. Sorlin, qui a pour espouse Anne de Lorraine fille & heritiere de Charles Duc d'Aumale Seigneur d'Anet, Pair & Grand Veneur de France, & Phileberte femme de Laurens de Medicis Duc d'Vrbin, frere du Pape Leon 10. Elle portoit à cause du Duc son mary de Sauoye qui est de gueules à la Croix d'argent, & auant qu'il arriuast à la succession de l'Estat de Sauoye: Il portoit escartelé de Bresse qui est d'argent à la bande d'azur accompagnee de 2. Lyons de mesme party de Beaugié qui est de gueules au Lyon d'Hermines couronné, armé & lampassé d'or contreparty de sa branche qui est de Bourbon sçauoir d'azur à trois fleurs de Lys d'or & au baston gueules.

3. LOuys de Bourbon Comte de Roussillon, de Valongnes, d'Vsson & de Montpensier en Lodunois, Cheualier de l'Ordre S. Michel, Capitaine de 100 hommes d'armes de ses Ordonnances, Lieutenant General pour le Roy Louys 11. és Comtez de Roussillon & Parpignan, Gouuerneur de Granuille & Honnefleur, Admiral de France, fils naturel de Charles 1. du nom Duc de Bourbon, espousa l'an 1466 Ieanne legitimee de France Dame de Mirebeau fille naturelle du Roy Louys 11. desquels descendit Charles Comte de Roussillon qui n'eut enfans de sa femme Anne de Boulongne fille de Godefroy de Boulongne Baron de Mont-gascon & luy succederent ses sœurs, sçauoir Susanne de Bourbon qui espousa Iean de Chambannes Comte de Dammartin, & Anne femme de Iean Seigneur d'Arpaion, le Roy Louys 11. le fit Cheualier l'an 1469 & portoit de Bourbon le baston de gueules començant au costé senestre de l'escu, & la Comtesse son Espouse portoit de mesme contreparty de France qui est d'azur à 3. fleurs de Lys d'or 2. & 1. & au baston d'argent commençant comme cy-dessus. Le Comté de Roussillon est passé en la Maison de Tournon en la personne de Henry Seigneur de Tournon Baron de Chalençon Seneschal d'Auuergne & Bailly de Viuarais fils de Iust, Louys de Tournon & de Magdaleine de la Rochefoucault qui a espousé Louyse de Montmorency sœur de François de Montmorency, Seigneur de Bouteuille & de Precy, Comte souuerain de Lusse en Nauarre, Gouuerneur & Bailly de Senlis, qui a espousé Elizabeth de Vienne : & la Seigneurie de Mirebeau a esté erigee en Marquisat en la personne de François Chabot Seigneur de Brion, Cheualier des 2. Ordres, pere de Iacques Chabot, Seigneur de Brion & de Fontaine-françoise, Cheualier des 2. Ordres du Roy, Maistre de Camp du Regiment de Champaigne & Lieutenant general pour sa Majesté au Gouuernement de Bourgongne, Louys Seigneur de Grauille luy succeda en la charge d'Admiral, en laquelle a esté pourueu de ce temps. Henry 2. du nom, Duc de Montmorency & de Damuille, Pair & premier Baron de France, Comte de Dammartin & d'Offremont Vicomte de Melun, Baron de Chasteaubrient de Candé, Erual, Isle la Fere, Preaux l'Isle Adam & Mello, Seigneur d'Escoüen, de Chantilly, Villiers, Vigny, Longuesse, Buire & Maintenay Cheualier des 2. Ordres du Roy, Gouuerneur & Lieutenant general pour sa Majesté en Languedoc. Georges Vauequelin descendu d'vne Illustre famille d'Angleterre (de mesme sang, nom & armes qu'est de present Nicolas Vauequelin Seigneur des Yueteaux Conseiller d'Estat. Guillaume Seigneur de la Fresnaye Maistre des Requestes, de l'Hostel de la Royne, President & Lieutenant general au Bailliage & Presidial de Caen. Iean Abbé de Sainct Pierre sur d'Yue, François Baron de Sacy & autres Gentils-hommes qui resident au Costentin) luy succeda au Gouuernement de Granuille : & Iean Seigneur de Breauté predecesseur des Vicomtes de Breauté à celuy de Honnefleur, de laquelle place est maintenant Gouuerneur Iean Baptiste Seigneur d'Ornano, Marquis de Mont-lor, Cheualier des 2. Ordres, Lieutenant general pour sa Majesté au Gouuernement de Normandie, & Colonel general des Corses en suitte de Iean de la Rocque Seigneur dudit lieu de la Rocque, du Neufbourg, Bernieres, du Mesnil & Vieuxsoy, Cheualier

Z ij

de l'Ordre

de l'Ordre du Roy, & Gentilhomme ordinaire de sa Chambre qui a espousé Marguerite le Comte fille de Louys le Comte, Seigneur de Durecu, de Brucourt, Nonant & Mondreuille, qui a pour fils François Seigneur de Fontaines, Gentilhomme ordinaire de Monsieur frere vnicque de sa Maiesté : le Comté de Roussillon cy-dessus remarqué qui est le lieu où le Roy Charles 9. fist l'Edict du 9. Aoust 1564. estoit le Comté dont ioüyssoit l'Admiral Louys different de celuy dont il estoit Gouuerneur, sçauoir du Comté de Roussillon & Comté de Parpignan dependants de la Maison d'Arragon alienez par Iean Roy d'Arragon pere de Ferdinand Roy de Castille à cause de l'alliance qu'il contracta auec Isabelle heritiere de Federic Roy de Castille son frere, transporter & vendus au Roy Louys 11. par le prix de trois cents mille escus, du depuis neantmoins restablis en la possession du Roy de Castille par le Roy Charles 8. induit à ce faire par les aduis qu'il receut de la part de Louys d'Amboise Euesque d'Alby, & de Iean de Mauleon Cordelier obseruantin, son Predicateur.

Il expira en Ianuier 1486. & la Comtesse sa femme l'an 1487. l'vn & l'autre gisent à S. Louys de Valoignes.

4. **R**Egnaud de Bourbon Archeuesque & Comte de Narbonne, autre fils naturel de Charles 1. Duc de Bourbon, fut sacré Prelat l'an 1466. & portoit de Bourbon le baston à gauche comme cy-dessus, & selon quelques vns d'argent à la contrebande de 2. pieces d'azur, chaque piece chargee de 3. fleurs de Lys d'or & diuisees d'vne cottice de gueules ; autres disent d'vn filet de sable : Telles armes paroissent sur la porte du College de Narbonne à Paris, & au lieu de contrebandes, il y a des bandes : de luy descendit vn fils naturel, sçauoir Charles de Bourbon Euesque de Clermont.

Il mourut l'an 1490.

48

1. **G**Ilbert de Bourbon Comte de Montpensier, Dauphin d'Auuergne, Gouuerneur de Paris & Isle de France, sous l'authorité du Roy Charles 8. & son Vice-roy à Naples, fils vnique de Louys de Bourbon Comte de Montpensier, & de Gabrielle de la Tour, espousa le 13. Nouembre l'an 1480. Claire de Gonzague fille de Frideric de Gonzague Marquis de Mantouë & de Marguerite de Bauiere : Il portoit de Bourbon-Montpensier qui est d'azur à 3. fleurs de Lys d'or, le báston de gueules brizé d'or vers le chef & chargé d'vn Dauphin d'azur ; Et la Comtesse son Espouse portoit de mesme contreparty d'argent à la croix pattee de gueules quantonnee de 4. Aigles de sable, becquez & membrez de gueules qui est l'Escu de Mantouë donné le 22. Septembre 1433. par l'Empereur Sigismōd à François de Gonzague creé premier Marquis hereditaire de Mantouë, & Vicaire perpetuel du sainct Empire, pour marque de laquelle inuestiture il abolit les antiennes armes de Mantouë qui estoient de sable à 3. moutons d'argent accornez & clarinez d'or : la croix chargee en cœur d'vn escu escartelé au 1. & 4. facé d'or & de sable de 8. pieces ou de 6. selon les autres qui est de Gonzague au 2. & 3. de gueules au Lyon d'or armé & lampassé de sable qui est de Lombardie , Escu que portoit Guy de Gonzague Seigneur de Lombardie pere de Louys de Gonzague, qui prist l'an 1128. le tiltre de Seigneur de Mantouë, du depuis Frideric de Gonzague 1. Duc de Mantouë & Prince de l'Empire , ayant espousé Marguerite de Paleologue, Marquise de Mont-ferrat : Il adjousta à son Escu les armes de l'Empire de Grece , celles de la ville de Constantinople , Mont-ferrat de Hierusalem, Arragon, Saxe, & du depuis de Bar & d'Allençon, telles que les portoit Ludouic de Gonzague , Prince de Mantouë creé Cheualier des 2. Ordres de France par le Roy Henry 3. & Gouuerneur de Champaigne , pere de Charles de Gonzague, de Cleues, de present Duc de Neuers & Rhetelois.

Il deceda à Pouzuello de Naples l'an 1496. & la Comtesse sa femme l'an 1503.

2. **G**Abrielle de Bourbon fille aisnee de Louys de Bourbon du Nom, Comte de Montpensier, espousa l'an 1468. Louys 2. du Nom Seigneur de la Trimoüille, Comtes de Guines & de Benon , Vicomte de Thoüars , desquels sortit Charles de la Trimoüille Prince de Talmond qui fut tué à la bataille de Marignan, duquel & de Louyse de Coitiuy sortit François Seigneur de la Trimoüille mary d'Anne de Laual , pere & mere de Louys 1. Duc de Thoüars, Pair de France,

Aa ij   Baron

[illegible]

Baron de Sully de l'Islebouchard, Berrie Mauleron & Doüé qui espousa Ieanne de Montmorency, desquels descendit Claude Seigneur de la Trimoüille, pere de Henry de present Seigneur de
la Trimoüille & de Frideric Comte de Laual : Elle portoit de la Trimoüille qui est d'or au Chevron de gueules accompagné de 4. Aigles d'azur, becquez & membrez de gueules 2. en chef & 1.
en pointe, ausquelles armes ont esté adjoustez plusieurs quartiers comme il sera cy-apres representé, & encore de ce temps l'Escu d'Orenge a esté adjousté sur le tout par Henry Seigneur
de la Trimoüille pour la descente de sa mere Charlotte Brabantine de Nassau : contreparty de
Bourbon-Montpensier qui est d'azur à 3. fleurs de Lys d'or, le baston de gueules brizé vers le chef
d'or chargé d'vn Dauphin d'azur.

*Elle deceda au Chasteau de Thoüars le dernier Nouembre l'an 1546. Et le Seigneur son mary fut tué en la
funeste bataille de Pauie le 24. Feurier l'an 1525. assistant le Roy François 1.
contre l'Empereur Charles 5.*

3. CHarlotte de Bourbon 2. & derniere fille de Louys de Bourbon 1. du Nom, Comte de
Montpensier, espousa le 17. Iuin l'an 1468. Vulfar de Borselle Comte de Boucan, de
Grampré & d'Ostrenam, Seigneur de la Brie, descendu de Iacques Comte de Boucan, Escossois,
Connestable de France, fils d'Archambaud, Comte d'Onglas : Elle portoit pour armoiries de
Borselle qui est de sable : autres disent d'azur à la face d'argent escartelé selon quelques-vns d'O-
strenan qui est de gueules à 3. annelets d'argent contreparty de Bourbon Mont pensier cy-dessus.

Elle mourut l'an 1517.

4. FRançois de Bourbon Comte de Vendosme & de Chartres, Baron de Montdoubleau, &
Seigneur d'Espernon fils aisné de Iean de Bourbon 2. du Nom, Comte de Vendosme &
d'Isabeau de Beauueau, espousa le 18. Mars l'an 1487. Marie de Luxembourg Comtesse de sainct
Paul, de Marle & de Soissons, Vicomtesse de Meaux, Dame de Grauelingue, Dun Kerkue, Han,
de la Roche-bohain, Beaureuoir, l'Isle, Bour-bourg, la Fere, Anguien & Condé, veufue de Iacques de Sauoye Comte de Romont, fille aisnee & heritiere de Pierre de Luxembourg 2. du Nom
Comte de S. Paul & de Brienne (descendu de Louys de Luxembourg Comte de S. Paul, Connestable de France, & de Ieanne de Bar Comtesse de Soissons & de Marle, Vicomtesse de Meaux,
Dame de Dun Kerke, Vuarneton & Bourgourg) & de Marguerite de Sauoye : Il portoit de Bourbon-Vendosme cy-dessus, & la Comtesse son Espouse portoit de mesme contreparty de Luxembourg qui est d'argent au Lyon de gueules, la queuë fourcheuë & passée en sautoir, couronné,
armé & lampassé d'or : quelques-vns luy font escarteler de Meaux qui est de sable à la jumelle
d'argent, ou selon les autres d'argent à la face de gueules, qui est le blason de la Maison de Bethu-
nes. Leon d'Albert Seigneur de Brantes, Cheualier des 2. Ordres du Roy, & Lieutenant com-
mandant la compaignie de 100. Cheuaux Legers de la garde de sa Majesté, porte de present les
plaines armes de Luxembourg, comme ayant espousé Marguerite-Charlotte de Luxembourg
Duchesse de Piney, qui a pour sœur puisnee Liesse de Luxembourg femme de Henry de Leuis
Duc de Ventadour, Pair de France, Comte de la Voûte de Vauuert, Douzenac, Boussac, Roche en
Regnier, Annonay & Cornillon, Lieutenant general au Gouuernement de Languedoc, l'vne &
l'autre fille de Henry de Luxembourg & de Piney, Pair de France, Prince de Tingry, Comte de
Brienne, de Roussy, Ligny & Rosnay, Souuerain d'Aigremont, Baron de Venoeuure & de Ra-
meru, Capitaine de 100. hommes d'armes des Ordonnances du Roy, fils de François Duc de Luxembourg, Comte de Ligny, Cheualier des 2. Ordres du Roy, laquelle branche de Luxembourg, Ligny, se commence à Valeran de Luxembourg Seigneur de Roussy & Ligny, frere puisné de Henry 3. du Nom, Comte de Luxembourg, predecesseur de l'Empereur Henry 7. de Iean
Roy de Boheme, de Charles 4. du Nom, Empereur & Roy de Boheme : de Iosse de Luxembourg Marquis de Morauie esleu Roy des Romains de Vuenceslaus, Duc de Luxembourg, Empereur & Roy de Boheme, & de Sigismond Empereur Roy de Hongrie & de Boheme : Le Duché de Luxembourg est demeuré en la Maison du Nom & armes de Luxembourg, iusques au
temps qu'Elizabeth de Luxembourg fille de Iean de Luxembourg Duc de Gollicie (4. fils de
l'Empereur Charles 4.) & veufue de Iean de Bourgongne Duc de Brabant, & du depuis de Iean
de Bauiere Comte de Hainaut, le transporta à Philippes 2. Duc de Bourgongne, qui transigea au
mesme temps auec Guillaume Duc de Saxe, sur les droicts qu'il y pretendoit à cause de sa femme,
& de la Maison de Bourgongne il est passé en celle d'Austriche.

*Il deceda en Piedmont le 2. iour d'Octobre l'an 1495. & la Comtesse sa femme le 1. iour Aoust 1546.
& sont inhumez en l'Eglise sainct Georges de Vendosme.*

                                              1. Louys

1. **L**Ouys de Bourbon Prince de la Roche-suryon 2. & dernier des fils de Iean de Bourbon Comte de Vendosme, espousa en Mars auec dispense l'an 1504. dans Moulins en Bourbonnois: Louyse de Bourbon fille de Gilbert de Bourbon, Comte de Montpensier, & de Claire de Gonzague lors veufue d'André de Chauuigny Seigneur de Chasteau-roux & de Raiz: Il portoit pour Armoiries de Bourbon, le baston de gueules brizé en chef d'vn Croissant d'argent, & la Princesse son Espouse portoit de mesme contreparty de Bourbon-Montpensier cy-dessus.

Il expira l'an 1520. & la Princesse son Espouse l'an 1561. Ils gisent en la saincte Chappelle de sainct Louys de Champigny.

2. & 3. **I**Eanne de Bourbon fille aisnée de Iean de Bourbon 2. du Nom Comte de Vendosme, espousa en 1. nopces l'an 1487. Iean 2. du Nom Duc de Bourbon, fils aisné de Charles 1. du Nom aussi Duc de Bourbon, & du depuis l'an 1489. Espousa Iean Baron de la Tour Comte de Boulongne & Auuergne, desquels sortirent 2. filles, sçauoir Anne de la Tour femme de Iean Stuart Duc d'Albanie (la fille naturelle duquel nommée Leonor Stuart, espousa Iean de l'Hospital Comte de Choisy; & à ceste occasion sa Posterité porte les Armes d'Escosse) & Magdaleine de la Tour Comtesse d'Auuergne & de Lauraguais, femme de Laurens de Medicis Duc d'Vrbin, pere & mere de la Royne Catherine de Medicis Comtesse de Boulongne & Auuergne, Espouse du Roy Henry 2. Elle portoit de l'alliance du Duc son 1. Mary de Bourbon qui est d'azur à 3. fleurs de Lys d'or & au baston de gueules pery en bande contreparty de Bourbon vendosme & de l'alliance du 2. portoit vn escu escartelé au 1. & 4. quartier de la Tour qui est d'azur à la Tour d'argent, l'Escu semé de fleurs de Lys d'or au 1. & 3. d'Auuergne qui est d'or au Gonfanon de 3. pantes de gueules frangé de sinople, & sur le tout de Boulongne qui est d'or à 3. tourteaux de gueules contreparty derechef de Bourbon-Vendosme. Les Comtez d'Auuergne & de Lauraguais sont maintenant en la possession de Charles de Valois Duc d'Angoulesme, Pair de France, Comte de Ponthieu, Cheualier des 2. Ordres du Roy, Colonel general de la Caualerie legere de France, fils naturel du Roy Charles 9. qui a espousé Charlotte de Montmorency Comtesse d'Alais.

Elle expira l'an 1498.

Catherine

4. CAtherine de Bourbon 2. fille de Iean de Bourbon 2. du Nom Comte de Vendofme : & Ifabeau de Beauueau, efpoufa l'an 1488. Giles de Chabanes Seigneur de Curton & de la Palliffe, Madie Rochefort & Charlus Cheualier de l'Ordre S. Michel Senefchal de Guyenne & Gouuerneur de Limoufin, fils aifné de Iacques de Chabanes Comte de Dammartin, Grand Maiftre de France : Elle portoit pour Armoiries de Chabanes qui eft de gueules au Lyon d'hermines couronné, armé & lampaffé d'or contreparty de Bourbon vendofme (François de Chabanes Vicomte de la Roche-maffelin, Cheualier des 2. Ordres du Roy) qui a efpoufé Marie de Cruffol (fœur d'Emmanuel de Cruffol Duc d'Vzes, Pair de France Prince de Soyon, Baron de Leuis, Seigneur d'Aiffac Cheualier des 2. Ordres du Roy, & Efcuyer d'honneur de la Royne) a fait eriger la Seigneurie de Curton en Marquifat : Et la Seigneurie de la Palliffe a efté erigee en Comté en la perfonne de Iean François de la Guiche Seigneur de S. Geran & de Ialligny, Cheualier des 2. Ordres du Roy, Marefchal de France qui auoit efpoufé cy-deuant Anne de Tournon Dame de la Palliffe, fille de Iuft 3. du Nom Seigneur de Tournon, Comte de Rouffillon, & Baron de Chalençon, & d'Eleonor de Chabanes Dame de la Palliffe, qui du depuis a efpoufé Marie aux Efpaulles veufue de Charles Seigneur de Long-annay & d'Amigny, frere aifné de Iacques Seigneur de Francqueuille, Dampierre & Bazenuille Cheualier, Capitaine de cinquante hommes d'Armes, & Gouuerneur de Carenten, fœur aifnee de Magdelaine Dame de l'Ifle Marie femme de Bernardin de Gigaut, Seigneur de Bellefonft, Cheualier Gentilhomme ordinaire de la Chambre du Roy & Gouuerneur de Vallongnes filles de Georges aux Efpaulles Seigneur de faincte Marie du Mont, & de Magdelaine de Dreux fœur de Catherine de Dreux femme de Henry de Carbonnel Seigneur de Sourdeual du Nom & Armes de laquelle Maifon eft de prefent chef René de Carbonnel Marquis de Canify, fils aifné de Henry de Carbonnel Baron du Hommet, Seigneur de Treges, Bailly de Coftentin & Gouuerneur d'Auranches : Et d'Anne de Matignon Dame de Canify, qui a efpoufé Claude de Pelet Dame de la Verunne, fille vnicque & heritiere de Gafpard de Pelet Seigneur de la Verunne, Monperroux & d'Efperlage, Vicomte de Cabanes Baron des 2. Vierges, Cheualier de l'Ordre du Roy, Capitaine de 50. hommes d'armes, Bailly & Gouuerneur des Bailliage, ville & Chafteau de Caën, defcendu des antiens Comtes de Thoulouze & de S. Gilles, & de Iourdaine de Montmorency fille de François de Montmorency, Seigneur du Hallot, Bailly & Gouuerneur de Roüen & Gifors, Lieutenant General pour fa Majefté au Gouuernement de Normandie. Le Seigneur de Curton cy-deffus fut faiét Cheualier par le Roy Louys 11. l'an 1469. Henry Seigneur de Schomberg Comte de Nantueil & de Durtal, Confeiller d'Eftat, Cheualier des 2. Ordres du Roy & Marefchal de France, defcendu de l'antienne Maifon de Schomberg en Saxe, eft de ce temps Gouuerneur & Lieutenant general pour fa Majefté en Limoufin.

Elle expira l'an 1497.

1. IEanne de Bourbon 4. fille de Iean de Bourbon Comte de Vendofme efpoufa par paroles de
futur le 3. Feurier l'an 1477. Louys de Ioyeufe Seigneur de Botheon, S. Didier, Bonzac &
Rochefort, Gouuerneur & Lieutenant general pour le Roy Charles 8. en Champaigne, Brie &
Ifle de France, 3. fils de Taneguy Vicomte de Ioyeufe, & de Blanche de Tournon: Elle portoit vn
Efcu efcartelé au 1. & 4. quartier pallé d'or & d'azur de 6. pieces au chef de gueules chargé de 3.
Hydres accoftez d'or qui eft de Ioyeufe au 2. & 3. d'azur au Lyõ d'argẽt & à la bordeure de gueules
chargée de 8. fleurs de Lys d'or pofées en orle qui eft de S. Didier: Cefte Maifon fondüe en celle
de Ioyeufe portoit d'antiquité feulement d'azur au Lyon d'argent cõme il fe peut remarquer aux
armes de Girard de S. Didier premier grand Maiftre de l'Ordre de S. Iean de Hierufalem, & depuis les Seigneurs de ce nom receurent par la liberalité du Roy Charles 7. la bordure cy-deffus
blafonnée, en recognoiffance des feruices par eux rendus à l'Eftat, contreparty de Bourbon-
Vendofme: Le Vicomté de Ioyeufe a efté erigée en Duché & Pairrie de France par le Roy Henry 3. en la perfonne d'Anné de Ioyeufe Cheualier des 2. Ordres, premier Gentilhomme de la
Chambre de fa Majefté, Admiral de France, qui auoit efpoufé Marguerite de Lorraine, du depuis femme de François de Luxembourg Duc de Piney, Pair de France, Cheualier des 2. Ordres,
& fœur de la Royne Louyfe de Lorraine cy-deuant doüairiere de France: Charles Louys de Lor-
raine frere puifné de François Prince de Ioinuille, & de Henry de Lorraine Abbé de S. Denys de
Fefcamp, du Mont S. Michel & de Cluny, 3. fils de Charles de Lorraine Duc de Guyfe, Pair de
France, Cheualier des 2. Ordres, & de Catherine Henriette de Ioyeufe, porte la qualité de Duc
de Ioyeufe: Charles de Gonzague de Cleues Duc de Neuers, eft maintenant Gouuerneur de
Champaigne: Et Nicolas de l'Hofpital Marquis de Vitry Cheualier des 2. Ordres du Roy eft
Gouuerneur de Brie.

Elle expira l'an 1492.

2. CHarlotte de Bourbon 4. fille de Iean de Bourbon 2. du Nom Comte de Vendofme, efpoufa l'an 1499. Engilbert de Cleues Comte de Neuers & d'Auxerre fils puifné de Iean
1. du Nom 2. Duc de Cleues & Comte de la March de l'antienne Maifon des Ducs, Comtes &
Seigneurs de Cleues dont il eft fait mention beaucoup de temps auant l'Empire de Theodofe,

C c ij   lequel

lequel erigea en tiltre de Comté la Seigneurie de Cleues, fief mouuant de l'Empire en la personne
d'Helias qui espousa Beatrix Dame & heritiere de Cleues fille de Thierry Seigneur de Cleues, aus-
quels succeda Thierry leur fils aisné, & en suitte tous les Comtes de Cleues iusques à Adolphe
30. Comte qui fut fait Duc au Concile de Constance par l'Empereur Sigismond : & d'Elizabeth
de Bourgongne Comtesse de Neuers : Elle portoit de l'alliance du Comte son mary, vn escu es-
cattelé au 1. quartier de Cleues qui est de gueules à l'escarboucle, fleurettee & pommettee d'or de
8. Rais, chargee en cœur de l'Escu du Cheualier Helias (qui estoit de de gueules) à l'Escusson
d'argent & à l'esmeraude de sinople (bordee selon quelques vns d'vn annelet d'or) autres blasonent
Sceptres Royaux de 8. Rais posez en orle santoit pal & face, au 2. de la March qui est d'or à la face
eschiquetee d'argent & de gueules de 3. traicts au 3. d'Eu-Artois qui est d'azur semé de fleurs de
Lys d'or au lambeau de 4. pieces de gueules chargé de 11. chasteaux d'or au 4. de Brabant qui est
de sable au Lyon d'or, armé & lampassé de gueules, & sur le tout de Bourgongne-Neuers qui est
d'azur à 3. fleurs de Lys d'or, & à la bordure componnee d'argent & de gueules, les antiennes armes
de Neuers estoient d'azur au Lyon d'or l'Escu billeté de mesme : Ou escartelé diuersement selon les
autres, sçauoir au 1. & 4. de Cleues party de la March au 2. & 3. de Neuers telles que les porte
auiourd'huy au 2. & 3. quartier de son Escu. Claude de Lorraine Duc de Cheureuse, de la branche
de Catherine de Cleues Comtesse d'Eu sa mere, on y a quelquesfois adiousté celles d'Auxerre qui
sont d'azur à 2. Leopards Lyonnez d'or, l'Escu semé de billettes de mesme. Contreparty de Bourbon-Vendosme qui est d'azur à 3. fleurs de Lys d'or & au baston de gueules chargé de 3. Lyons
d'argent. Othon 1. du nom Comte de Cleues, fils aisné du Comte Thierry, ayant espousé l'an 1313.
Alix Comtesse de la March, fille & heritiere d'Engilbert Comte de la March ; il transmist telles
Armes à sa fille qui espousa Iean Seigneur d'ArKel & à sa posterité : & Adolph 1. du Nom Comte de Cleues fils d'Adolph Comte de la March, succedant l'an 1357. à Engilbert de Cleues Comte
de la March son frere, partit ses armes de la March ; & quant aux armes de Bourgongne-Neuers,
Eu-Artois & Brabant, elles furent prises par Iean 1. du Nom Duc de Cleues & Comte de la
March, cy-dessus fils d'Adolphe 1. Duc de Cleues, & de Marie de Bourgongne fille de Iean Duc
de Bourgongne, apres qu'il eut espousé Elizabeth de Bourgongne, fille & heritiere de Iean de
Bourgongne Duc de Brabant, de Lothier & de Lembourg Comte de Neuers, Rethel, Eu, Au-
xerre, Estampes & Gien Baron de Donzy & de Rozoy, Seigneur d'Anuers, de S. Valery, Isles &
Villemor, Souuerain de Chasteau-regnaud, Pair de France, & de Bonne d'Artois : de l'alliance
cy dessus representee, descendit Charles Comte de Neuers pere de François 1. Duc de Neuers,
Pair de France, & ayeul de Henriette de Cleues Duchesse de Neuers, de laquelle & de Louys de
Gonzague Prince de Mantoue est issu Charles de Gonzague de Cleues, de present Duc de Neuers & Rhetel, Pair de France, Prince de Porcean & du sainct Empire, Souuerain de Charleuille,
& fondateur de l'Ordre de la Milice Chrestienne de Iesus Christ, lequel s'est porté chef des armes
de Cleues depuis le deceds de Iean-Guillaume Duc de Cleues, Iulliers, Berg & Monts Comte de
la March, Rauembourg, & Prince de l'Empire, aduenu le 15. Mars l'an 1609. & Henry de la
March, de present surnommé Comte de la March, frere aisné de Louys de la March Marquis
de Molny, Conseiller d'Estat, Cheualier des 2. Ordres du Roy, premier Capitaine des Gardes
du corps de sa Majesté, premier Escuyer de la Royne, Gouuerneur des villes & Chasteau de Caën,
de la descente des Comtes de la March, est maintenant chef des Armes de ceste Maison pour la
succession duquel dernier Duc de Cleues il y a eu different entre diuers Princes, sçauoir entre
Iean, Georges Duc de Saxe Electeur de l'Empire, Marquis de Misne & Lantgraue de Turinge,
Charles de Gonzague de Cleues, Duc de Neuers cy-dessus, Charles de la March Comte de
Mauleurier & de Braine ; Iean-Sigismond Marquis de Brandebourg Electeur de l'Empire : Vuol-
fang-Guillaume Comte Palatin du Neugbourg, Iean de Bauiere Duc des 2. Ponts & Charles
Marquis de Burgau.

Elle deceda l'an 1520.

5. REnee de Bourbō Abbesse de Fonteuraud 5. fille de Iean de Bourbon Comte de Vendosme,
fut voislee & esleue Abbesse de Saintes l'an 1491. du depuis de Saincte Trinité de Caën,
sçauoir l'an 1498. & en fin de Fontemand l'an 1500. Elle portoit de Bourbon-Vendosme.

Elle mourut l'an 1520.

D d   4. Isabeau

54

4. **I**Sabeau de Bourbon Abbesse de Saincte Trinité de Caën 6. & derniere fille de Iean de Bourbon 2. du Nom Comte de Vendosme, & d'Isabeau de Beauueau, fut voilee en icelle Abbaye l'an 1500. & portoit pour Armoirie de Bourbon-Vendosme qui est d'azur à 3. fleurs de Lys d'or, & au baston de gueules pery en bande chargé de 3. Lyons d'argent. Catherine de Nauarre & d'Albret, fille aisnee du Roy Iean & de la Royne Catherine de Nauarre & sœur de Henry 2. du Nom Roy de Nauarre, luy succeda au Gouuernement de ceste Abbaye, laquelle est de present austerement conduite par Religieuse Dame Laurence de Budos sœur d'Anthoine-Hercules de Budos Marquis de Portes, Comte de S. Pris, Seigneur d'Aise, Cheualier des 2. Ordres du Roy, Gentilhomme ordinaire de sa Chambre, Mareschal de camp en Languedoc, Lieutenant general pour sa Majesté en Gueuaudan & Ceuesnes, Vice-Admiral general de France, de Baltazar Euesque d'Agde, Coadjuteur de Castres, & de Henry Vicomte de S. Iean; en suitre d'Anne & de Magdelaine de Montmorency fille d'Anne Duc de Montmorency Connestable de France, successiuement Abbesses d'icelle Abbaye.

Elle rendit son ame à Dieu le 11. iour de Iuillet l'an 1531. & son corps fut inhumé en ladite Abbaye fondee & dotee par Guillaume le conquerant Roy d'Angleterre Duc de Normandie Pair de France & Comte du Maine, & par la Royne Duchesse Mathilde de Flandres son Espouse.

55

1. L'Ouys de Bourbon & de Vendofme Euefque d'Auranches, fils naturel de Iean de Bourbon 2. du Nom Comte de Vendofme, fut facré Prelat l'an 1501. & portoit de Bourbon qui eft d'azur à 3. fleurs de Lys d'or, le bafton d'argent commençant au cofté feneftre de l'Efcu ; il eftoit 41. Euefque de ce Diocefe qui eft maintenant en la manutention de Meffire François Pericard, qui a pour coadjuteur Henry Bocuin Euefque Titulaire de Tharfes fon nepueu.

Il expira le 21. iour d'Octobre 1510. & eft inhumé en l'Eglife Cathedrale de S. André d'Auranches.

2. IAcques de Bourbon & de Vendofme, Baron de Ligny , Seigneur de Bonneual , Fortel, Heux , de la Vacquerie & de Vierge , Chambellan du Roy François 1. Gouuerneur de Valois & Vendofmois, Capitaine d'Arques & Bailly de Vermandois, autre fils naturel de Iean de Bourbon 2. du Nom Comte de Vendofme , efpoufa l'an 1510. Ieanne de Rubempré, fille & heritiere de Charles Seigneur de Rubempré, & de Louyfe d'Ailly (de la Maifon des Seigneurs de Pecquigny , Vidames d'Amiens, dont Honoré d'Albert Duc de Chaulnes, Pair de France, Marquis de Cadenet , Cheualier des 2. Ordres du Roy , Marefchal de France a efpoufé l'heritiere) defquels defcendirent 2. fils, fçauoir Claude Baron de Ligny, qui efpoufa Antoinette de Bours Vicomteffe de Lambercourt, de laquelle alliance fortirent 2. filles, Claude Vicomteffe de Lambercourt, femme de Iean Seigneur de Rambures, predeceffeur de Charles auffi Seigneur de Rambures, Cheualier des 2. Ordres du Roy, Capitaine de 50. hommes d'Armes, Marefchal de Camp pour fa Majefté en Picardie, Gouuerneur de Dourlans : & Anne femme de Claude de Crequy Seignent de Hemont de la branche de Bernieules puifnee de celle de Crequi , dont eft de prefent chef Charles Sire de Crequi, Comte de Sault & de Canaples, Prince de Poix , Cheualier des 2. Ordres du Roy , Maiftre de Camp du Regiment des Gardes de fa Majefté , Lieutenant general au Gouuernement de Dauphiné Marefchal de France. André de Bourbon Seigneur de Rubempré , Gouuerneur d'Abbeuille fous le Roy Henry 3. eftoit le 2. fils, & efpoufa Anne de Roncherolles fille de Philippes de Roncherolles Baron de Hucqueuille & du Pont S. Pierre, premier Baron de Normandie, Seigneur de Chaftillon duquel font defcendus Philippes Baron de Hucqueuille, Iacques Baron du Pont S. Pierre , & Marie de Roncherolles femme d'Adrian Vicomte de Breauté & Seigneur de Hottot : Il portoit de Bourbon le bafton d'argent pery en bande commençant

E e   mençant

mençant au costé guiche de l'Escu comme cy dessus : La Dame son Espouse portoit de mesme contreparty de Rubempré qui est d'argent à 3. Iumelles de gueules.

Il expira le 1. iour d'Octobre l'an 1424. & gist en l'Abbaye de Long-pont prés Soissons.

3. CHarles de Bourbon Seigneur de Carency de Combles & de Busquoy, fils aisné de Iacques de Bourbon Seigneur d'Aubigny, espousa le 18. Auril l'an 1495. Catherine d'Alaigre fille puisnée de Bertrand d'Alaigre Baron de Puisagut & Seigneur de Bullet (de mesme nom & Armes que les sieurs Marquis d'Alaigre au Perche) & d'Isabeau de Leuis: Il portoit de Bourbon Carency de mesme que Louys de Bourbon son oncle, sçauoir d'azur à 3. fleurs de Lys d'or, le baston de gueules chargé de 3. Lyons d'argent & pour brizeure vne bordure de gueules : La Dame son Espouse portoit pareilles Armes contreparties d'Alaigre qui est de gueules à la Tour d'argent, l'Escu semé de fleurs de Lys d'or.

Il mourut l'an 1500.

4. IEan de Bourbon Seigneur de Rochefort & d'Arson, fils puisné de Iacques de Bourbon Seigneur d'Aubigny, & d'Antoinette de la Tour, espousa l'an 1495. Ieanne de l'Isle fille vnicque de Iacques de l'Isle Seigneur de Fresne & de Geulefin, & de Catherine de Neufuille de mesme nom & Armes que Charles de Neufuille, Baron d'Alincourt, Marquis de Villeroy, Cheualier des 2. Ordres du Roy, Gouuerneur de Lyon; Lyonnois, Beaujolois & Forests: Il portoit pareilles Armes que son pere, sçauoir de Bourbon Carency à la bordure componnee d'or & de gueules : La Dame son Espouse portoit de mesme contreparty de l'Isle qui est de gueules au chef d'or, les Seigneurs de l'Isle Mariuault (de laquelle branche estoit descendu Claude de l'Isle Seigneur de Mariuault, Cheualier des 2. Ordres du Roy, Gouuerneur de Laon & Isle de France) portoient diuersement, sçauoir de gueules à la face d'argent, accompaignee de 7. merlettes de mesme, 4. en chef & 3. en pointe : autres Seigneurs de l'Isle ont porté d'argent à 2. Lyons Leopardez de sable, & d'argent au chevron de 2. pieces de sable ; la Seigneurie de Rochefort de present erigee en Comté, est passee en la possession de Hercules de Rohan Duc de Montbazon, Pair de Fran,ce Cheualier des 2. Ordres du Roy, dont Louys de Rohan Prince de Guimenay Cheualier des 2. Ordres & Gouuerneur de Nantes (qui a pour femme Anne de Rohan sa cousine fille vnicque de Pierre de Rohan Prince de Guimenay & de Magdelaine de Rieux qui en 2. nopces a espousé René du Bellay Marquis de Thoarçay fils aisné de Martin Seigneur du Bellay Prince souuerain d'Yuetot, Marquis de L'houaroy & de Commerquiers, Cheualier des 2. Ordres, & Mareschal de Camp és Armees du Roy) portoit cy deuant la qualité.

Il mourut l'an 1503.

   1. Isabelle

1. **I**Sabelle de Bourbon Princesse de Carency, Dame de Busquoy & Aubigny, fille vnicque de Charles de Bourbon Seigneur d'Aubigny & heritiere de ses freres, espousa en Octobre l'an 1516. François d'Escars Seigneur de la Vauguion Mareschal & Seneschal de Bourbonnois, pere de Iean d'Escars Prince de Carency, Cheualier des 2. Ordres, & frere puisné de François Seigneur d'Escars, aussi Cheualier des 2. Ordres du Roy, & de Charles d'Escars Euesque & Duc de Langres Pair de France, Prelat associé à l'Ordre du S. Esprit : Elle portoit d'Escars qui est de gueules au pal de vair & à la bordure endentee (autres disent engreslee) d'argent contreparty de Bourbon-Carency : la Seigneurie de Carency fut erigee en Principauté par le Roy François 1. laquelle Seigneurie est passée és Maisons des Signeurs de S. Megrin, & Barôs d'Amanzey, par l'alliāce de Diane d'Escars auec Louys Stuart de Causlade, Seigneur de S. Megrin: & d'Habeau d'Escars, auec Iean Baron d'Amanzey, lesquelles familles ont retenu iusques à present les armes de Bourbon Carency.

Elle expira l'an 1530.

2. **A**Ntoine de Bourbon Seigneur de Duisant fils aisné de Philippes de Bourbon aussi Seigneur de Duisant, & de Ieanne de Lalain, espousa l'an 1524. Ieanne de Habart fille de Iean Seigneur de Habart : Il portoit de Bourbon-Carency qui est d'azur à 3. fleurs de Lys d'or au baston de gueules chargé de 3. Lyons d'argent, & à la bordure de gueules (ayant succedé aux plaines Armes de sa branche) & la Dame son Espouse portoit de mesme contreparty de Habart qui est vn Escu facé d'or & d'azur de 8. pieces. Ceste Maison portoit antiennement d'or au Lyon de sable de mesme que portent les Seigneurs de Morel.

Il mourut l'an 1533.

3. **P**Ierre de Bourbon Seigneur d'Arson 2. fils de Philippes de Bourbon Seigneur de Duisant, portoit de Bourbon-Carency à la bordure componnee d'or & de gueules.

Il mourut ieune l'an 1501.

4. **I**Eanne de Bourbon fille de Philippes de Bourbon Seigneur de Duisant espousa l'an 1525. François Seigneur de Beauchamp & d'Emeries : Elle portoit de l'alliance de son mary d'azur à 3. clef. d'or posees en pal : autres disent d'azur à 3. glands d'or (telles que les portent les Seigneurs de Blais, brizees d'vn Chevron d'argent) & à 6. merlettes d'argent en Orle.

Elle mourut l'an 1534.

1. **L**Ouys de Bourbon Comte de Clermont fils vnicque de Iean 2. du Nom Duc de Bourbon & de Marguerite d'Armaignac, portoit de Bourbon qui est d'azur à 3. fleurs de Lys d'or & au baston de gueules pery en bande, les anntiennes Armes de Clermont estoient de gueules à 2. Bars addossez d'or l'Escu semé de trefflés de mesme.

Il expira l'an 1488. & preceda le deceds du Duc son Pere.

2. **C**Harles de Bourbon Baron de Chaudesaigues & de Malause en Auuergne, Seneschal de Tholose, & Alby fils naturel de Iean 2. du Nom Duc de Bourbon, espousa l'an 1487. Louyse de Leon Vicomtesse de Laueden, fille vnicque de Charles de Leon Vicomte de Laueden, & heritiere en partie de Charles Comte d'Armaignac, desquels descendit Hector Vicomte de Laueden pere de Iean qui espousa Françoise de Silly, lors veufue de Gaston de Foix Baron de Rabat, (de la descente duquel est de present Gaston de Foix, Marquis de Rabat chef des Armes de Foix) & fille de Iacqués de Silly Seigneur de Long-ray, fils de François de Silly Gouuernent de Caën, de mesme Nom & Armes que la branche de Silly Comtes de la Rocheguion & de la Rochepot, de laquelle est chef François de Silly 1. Duc de la Rocheguion, Marquis de Guierchenille, Damoiseau de Commercy, Souuerain de Danuille, Baron de Mont-miral, Cheualier des 2. Ordres du Roy, Pair & Grand Louuetier de France quia espousé Catherine de Matignon, desquels estoit issu Henry Vicomte de Laueden qui espousa Françoise de Miremont pere de Henry de Bourbon, creé Marquis de Malause par le Roy Henry le Grand qui a pour fils Louys Baron de Chaudesaigues, de Magdaleine de Chalon sa femme de la Maison de la Casse : Elle portoit de Bourbon qui est d'azur à 3. fleurs de Lys d'or : autres disent semé de fleurs de Lys & au baston de gueules, commençant au costé senestre de l'Escu : la Dame son Espouse portoit de mesme contreparty d'vn Escu escartelé au 1. & 4. quartier de Leon qui est d'argent au Lyon de sable, armé & lampassé de sinople (qui est le blason de la Maison de Vipart Seigneurs de Silly, alliez, de la Maison de la Frette Gruel, au 2. & 3. d'Armaignac qui est d'or au Lyon de gueules, armé & lampassé d'argent, contr'escartelé au 2. & 3. Canton de gueules au Leopard Lyonné d'or, armé & lampassé d'azur qui est de Guyenne, quelques vns adjoustent sur le tout l'Escu de Laueden qui est d'azur à 2. cœurs d'or tel que le portent les Seigneurs de la Cour escartelé de Haqueuille qui est d'hermines fretté de gueules sans nombre, Escu que portent les Seigneurs de Turgot originaires de Bretaigne.

Il mourut l'an 1498. & la Dame de Laueden l'an 1521.

3. **M**Atthieu de Bourbon Seigneur de la Roche en Regnier, Admiral de Guyenne, & fils naturel de Iean 2. du Nom Duc de Bourbon, portoit de Bourbon le baston componné d'or & de gueules, commençant au costé senestre de l'Escu. Louys Seigneur de la Trimoüille 2. du Nom, luy succeda en la charge d'Admiral.

Il deceda l'an 1497.

4. **C**Harles de Bourbon Comte de Clermont, fils vnicque de Pierre 2. Duc de Bourbon, portoit de Bourbon.

Il mourut l'an 1500.

G g   1. Susanne

60

1. **S**Vſanne Duchefſe de Bourbon & d'Auuergne Comteſſe de Clermont de la Marche de Fo-reſts, de Gien, de Carlat & de Murat, Baronne de Beaujolois, Mercœur, Bourbon lancy, Annonay & de la Roche-en Regnier, fille vnieque & heritiere de Pierre 2. Duc de Bourbon, & d'Anne de France, eſpouſa auec diſpenſe le 10. May l'an 1505. Charles de Bourbon Comte de Montpenſier Dauphin d'Auuergne & Seigneur de Combraille 2. fils de Gilbert de Bourbon Com-te de Montpenſier, l'vn & l'autre portoient les plaines Armes de Bourbon qui ſont d'azur à 3. fleurs de Lys d'or & au baſton de gueules pery en bande.

Elle deceda le 16. Auril l'an 1521. & ſon corps repoſe à Souuigny.

2. **P**Ierre de Bourbon Seigneur de l'Iſle fils naturel de Louys de Bourbon Eueſque du Liege, qu'il engendra auant que d'eſtre promeu aux Ordres de l'Egliſe, eſpouſa l'an 1490. Mar-guerite d'Alaigre Dame de Buſſet du Temple & S. Priſt, & d'Iſabeau de Leuis (de meſme Nom & Armes que les Ducs de Ventadour, & Comtes de la Voûte) deſquels deſcendit Philippes de Bourbon Seigneur de Buſſet & de la Motte Fueilly, qui eſpouſa Louyſe de Borgia venfue de Louys 2. du Nom Seigneur de la Trimoüille, Admiral de Guyenne, & fille de Ceſar de Borgia Duc de Valentinois & Seigneur de Camerino (fils du Pape Alexandre 6. qui auoit eſté marié auant ſon eſtection au ſouuerain Pontificat) & de Charlotte d'Albret ſœur de Iean 2. du Nom Roy de Na-uarre, pere & mere de 2. fils, ſçauoir de Claude Seigneur de Buſſet, & Gouuerneur de Limouſin, qui eſpouſa Marguerite de la Rochefoucault fille d'Antoine de la Rochefoucault Seigneur de Barbezieux, puiſné de la Maiſon de la Rochefoucault, dont eſt de preſent chef François 1. Duc de la Rochefoucault, Pair de France, Prince de Marcillac, Cheualier des 2. Ordres du Roy, Maiſtre de ſa Garderobe, Lieutenant general pour ſa Majeſté en Poiĉtou, qui a pour Eſpouſe Gabrielle du Pleſſis ſœur de Charles du Pleſſis Seigneur de Liencourt, Cheualier premier Gentilhomme de ſa Chambre, cy-deuant premier Eſcuyer de ſa Majeſté, de laquelle charge eſt maintenant inueſty François Seigneur de Baradat, qui a merité par ſa fidelité la faueur du Roy Louys 13. & qui a pour frere de Henry de Baradat Eueſque & Comte de Noyon, Pair de France & Abbé de Clermont, deſcendu de la Maiſon de Baradat en Italie, qui porte d'azur à la face d'or accompagnee de 3. rozes d'argent : Iean de Bourbon Seigneur de la Motte Fueilly, & de

61

Montet estoit le puisné, & de luy ne sortit que des filles de l'aisné, descendit Cesar de Bourbon Comte de Busset, Baron de Charlus & Seigneur de Poüiriere, qui espousa Louyse de Montmorillon fille & heritiere de Saladin de Montmorillon Seigneur de Vezigneux, & d'Anne de l'Hospital de la Maison des Comtes de Choisy & Marquis de Vitry. desquels sont descendus Claude Baron de Chaslus, & Charles Baron de Vezigneux: Il portoit pour Armoiries d'azur à 3. fleurs de Lys d'or: aucuns blasonnent l'Escu semé de fleurs de Lys, le baston de gueules commençant au costé senestre de l'Escu au chef des Armes de Hierusalem qui sont d'argent à la Croix potencee d'or, quanconnee de 4. croix couppees de mesme metail: La Dame son Espouse portoit pareilles Armes contrepartyes d'Alaigre qui est de gueules à la Tour d'argent, l'Escu semé de fleurs de Lys d'or.

Il mourut l'an 1599.

3. LOuys de Bourbon 2. du Nom Comte de Montpensier & Dauphin d'Auuergne, fils aisné de Gilbert de Bourbon Comte de Montpensier, portoit de Bourbon Montpensier à trois fleurs de Lys d'or & au baston de gueules pery en bande brizé d'or vers le chef, & chargé d'vn Dauphin d'azur.

Il deceda à Naples le 14. iour d'Aoust l'an 1501. & selon l'aduis de Guichardin en son Histoire d'Italie. Il expira sur le Sepulchre de son Pere.

4. CHarles 2. du Nom 8. & dernier duc de Bourbonnois, Comte de Montpensier, Dauphin d'Auuergne Seigneur de Combraille, Pair, Connestable & Grand Chambrier de France, 2. fils de Gilbert de Bourbon Comte de Montpensier, & de Claude de Gonzague, espousa (comme il est desia representé cy-dessus) le 10. May 1505. Susanne Duchesse de Bourbon & d'Auuergne, Comtesse de Clermont en Beauuoisis, de la Marche, de Forests & Gien, Vicomtesse de Carlat & de Murat, Baronne de Beaujolois, Mercœur, Bourbon-lancy, Annonay & de la Roche en Regnier, fille vnicque & heritiere de Pierre 2. du Nom Duc de Bourbon, & d'Anne de France: Il portoit vn Cerf volant pour deuise animee de ce mot, *Penetrabit*: & l'vn & l'autre portoient les plaines Armes de Bourbon qui sont d'azur à 3. fleurs de Lys d'or & au baston de gueules pery en bande. Anne 1. Duc de Montmorency Comte de Beaumont, Vicomte de Monstereul & Baron de Mont-beron Chastelain de l'Isle Adam de Nogent & Valmondois, Seigneur de Compiegne, Chasteau-neuf, la Rochepot, Dangu, Meru, Vigny Thoré & Macy, Chevalier de l'Ordre S. Michel & de la Iartiere d'Angleterre, Gouuerneur & Lieutenant general en Languedoc, premier Baron Pair & Connestable de France luy succeda à la Connestablie laquelle demeura vaccante l'espace de 10. ans. Le Duché de Bourbon fut reüny à la Couronne par le Roy François 1. apres la mort violente de ce Duc qui arriua au siege de Rome le 26. May l'an 1527.

Son corps gist au Royaume de Naples en la ville de Caiette.

Hh   François

62

1. FRançois de Bourbon Duc de Chastellerault, Pair de France, 3. fils de Gilbert de Bourbon Comte de Montpensier, & de Claire de Gonzague, portoit vn Escu escartelé au 1. & 4. quartier de Bourbon qui est d'azur à 3. fleurs de Lys d'or & au baston de gueules pery en bande sans brizeure au 2. & 3. de Mantouë qui est d'argent à la croix pattee de gueules quantonnee de 4. Aigles de sable becquez & membrez de gueules, la croix chargee en abysme d'vn Escu escartelé au 1. & 4. quartier de Gonzague qui est facé d'or & de sable de 8. pieces ou 6. pieces selon les autres au 2. & 3. de Lombardie qui est de gueules au Lyon d'or, armé & lampassé de sable : Le Vicomté de Chastellerault fut erigé en sa faueur en tiltre de Duché & Pairrie de France par le Roy François 1. vn peu apres son aduenement à la Couronne.

2. & 3. LOuyse de Bourbon Comtesse de Môtpensier, Dauphine d'Auuergne & Dame d'Escolle, fille aisnee de Gilbert de Bourbon Comte de Montpensier, & principale heritiere de Charles Duc de Bourbon 2. du Nom, son frere espousa en 1. nopces l'an 1490. André de Chauuigny Seigneur de Chasteau-roux, Vicomte de Brosse, Seigneur d'Argenton, Aigurande, Clais & Chastellet, fils de François de Chauuigny Vicomte de Brosse fils de Guy Seigneur de Chasteau-roux (laquelle Seigneurie de Chasteauroux fut erigee en Comté en la personne de Pierre 3. du Nom Seigneur d'Aumont fils de Iean 3. & de Françoise de Maillé & predecesseur d'Anthoine ; de present Seigneur d'Aumont Cheualier des 2. Ordres du Roy, qui a pour Espouse Louyse-Ysabelle d'Angennes de la branche de Maintenon, cy-deuant veuf de Catherine Huraut de la Maison des Comtes de Chiuerny) & de Ieanne de Laual Dame de Raiz & de la Suse (laquelle Seigneurie de la Suse a esté erigee en Comté, & est de present en la Maison de Champaigne la Suse) & en 2. nopces elle espousa l'an 1505. auec dispense Louys de Bourbon Prince de la Roche-suryon, Seigneur de Champigny, Gouuerneur & Lieutenât general pour le Roy Charles 8. en Brie & Isle de France, fils puisné de Iean de Bourbon 2. du Nom Comte Vendosme, & d'Isabeau de Beauueau : Elle portoit de l'alliance de son 1. mary de Chauuigny qui est d'argent à la face fuzelee de gueules sans nombre, l'Escu brizé en chef d'vn lambeau d'azur de 4. pieces, & de l'alliance du 2.

H h ij   elle

elle portoit de Bourbon qui est d'azur à 3. fleurs de Lys d'or & au baston de gueules pery en bande brisé d'vn Croissant d'argent : le tout contreparty de Bourbon-Montpensier, qui est comme cy-dessus, le baston brisé d'or vers le chef chargé d'vn Dauphin d'azur & non de Bourbon sans bri-zeure, d'autant que les filles ne succedent pas aux plaines Armes par incapacité, *Quia mulier si familia suæ sit caput est & finis imò vero quia caput non constituit sed vir*, comme atteste S. Paul en pa-roles de mesme substance en la 1. Epist. aux Corinthiens chap. 11. & la Loy *Pronunciatio* au §. der-nier D. *de verbor obligat.*

Elle deceda l'an 1560. & gist en la saincte Chappelle de S. Loüys à Champigny.

3. REnee de Bourbon Dame de Mercœur 2. fille de Gilbert de Bourbon Comte de Montpen-sier & heritiere en partie de Charles Duc de Bourbon son frere, espousa à Amboise le 11. Iuin l'an 1515. Antoine Duc de Lorraine & de Bar, fils aisné de René 2. du Nom Duc de Lorraine & de Bar, Comte de Vaudemont de Guyse, Aumale & Harcourt, Marquis du Pont-Amouçon & Baron de Ioinuille, & de Philippes de Gueldres : Elle portoit pour Armoiries vn Escu couppé de 8. pieces, 4. en chef & 4. en pointe en la 1. facé d'argent & de gueules de 8. pieces qui est de Hongrie en la 2. d'azur semé de fleurs de Lys d'or au lambeau de gueules de 3. pieces en chef qui est d'Anjou - Naples en la 3. d'argent à la Croix potencee d'or cantonnee de 4. croix couppees de mesme qui est de Hierusalem en la 4. d'or au pal de 4. pieces de gueules qui est d'Arragon, la 1. de la pointe d'azur semé de fleurs de Lys d'or à la bordure de gueules qui est d'Anjou en la 2. & 3. d'azur au Lyon d'or couronné, armé & lampassé de gueules qui est de Gueldres party d'or au Lyon de sable, armé & lampassé de gueules qui est de Flandres en la 4. d'azur à 2. Bars addossez d'or, dentez & allumez d'argent, l'Escu semé de croix recroisées au pied fiché d'or qui est de Bar, & sur le tout de Lorraine qui est d'or à la bande de gueules chargee de 3. Allerions d'argent, le-quel blason fut pris par Godefroy Duc de Boüillon & de Lorraine, 1. Roy de Hierusalem : les antiennes Armes de Lorraine estoient d'argent au cerf de gueules sommé d'or sans nombre, & cel-les de Vaudemont estoient burelees d'argent & de sable de 10. pieces, le tout contreparty de Bourbon-Montpensier : Le Duc Antoine cy-dessus portoit les Armes de Hongrie, Naples, Hie-rusalem, Arragon & Anjou, d'autant que le Duc René son Pere, estoit fils d'Yoland d'Anjou, fille de René Roy de Hierusalem, Hongrie, Naples Sicile & Duc d'Anjou, laquelle succeda à Nicolas d'Anjou Duc de Lorraine son nepueu, & à Charles Roy de Naples 4. du Nom, & por-toit celles de Bar comme Duc de Barrois & celles de Gueldres, comme fils de Philippes de Guel-dres fille d'Adolphe d'Egmond Duc de Gueldres cy-dessus remarqué.

Elle deceda l'an 1539. & le Duc son Mary l'an 1544.

4. ANne de Bourbon 3. fille de Gilbert de Bourbon Comte de Montpensier, portoit de Bour-bon Mont-pensier.

Elle mourut l'an 1510.

1. Charles

64

1. CHarles de Bourbon 1. Duc de Vendosmois, Pair de France, Comte de Soissons, de Marle
& de Conuersan, Vicomte de Meaux, Seigneur d'Espernon, Mondoubleau, Han, Grauelingue, Don Kerque, de la Roche-bohain, Beaureuoit & Chastelain de l'Isle, Cheualier de
l'Ordre S. Michel, Gouuerneur de Paris, Isle de France, Valois, Vermandois & Picardie, fils
aisné de François de Bourbon Comte de Vendosme, & de Marie de Luxembourg Comtesse de
S. Paul, espousa le 8. May l'an 1513. à Chasteau-dun Françoise d'Alençon Duchesse de Beaumont
& Dame de la Fleche, vefue de François d'Orleans 1. Duc de Longueuille, Pair de France, Comte
de Dunois, Tuncauille, & Montgommery Prince de Chastellaillon, Vicomte de Melun, Seigneur
de Parthenay, Vouuaut, Meruant, Monstrueil Bellay, Noyelles & Gournay, Connestable hereditaire de Normandie, Grand Chambellan de France, Gouuerneur & Lieutenant gene ral pour
les Roys Charles 8. & Louys 12. en Guyenne, & fille de René Duc d'Allençon, Pair de France,
Comte du Perche, Vicomte de Beaumont, Seigneur de la Fleche, Poüancé, Verneil & Damfront (descendu en la personne de ses predecesseurs de Charles de France Comte d'Alençon, fils
puisné du Roy Philippes le Hardy) & de Marguerite de Lorraine : Il portoit les plaines Armes de
Bourbon qui sont d'azur à 3. fleurs de Lys d'or & au baston de gueules pery en bande estant deuenu
chef du Nom & des Armes de Bourbon par le trespas de Charles dernier Duc de Bourbon, arriué
l'an 1527. Et si l'on demandoit pourquoy il succedoit plutost aux Armes qu'à la succession qui est
cy-denant remarquee deuoluë aux sœurs d'iceluy Duc, Louyse & Renée de Bourbon (horsmis le
Duché duquel il y eut retour d'appanage vers la Couronne de France, encor qu'il ne fust de telle
nature) : Il faut entendre que les Armes ne suiuent les successions hereditaires d'autant qu'elles ne
sont suiectes aux loix & coustumes locales des Prouinces, ny au droict Ciuil & commun, mais
seulement au droict de primogeniture & ordre de nature, parce que comme dit Tiraqueau *Ius pri-*
mogenitorum quantum ad successionem pertinet nihil commune habet cum feudis quæ regulariter & quidem
æqualiter diuidenda inter heredes sūt Ius autem primogenituræ indiuiduum est & minimè cæteris conferendum,
Donc le droict de primogeniture & port des Armes est separé des successions, & marche selon l'ordre de nature & de sang, & s'il arriue souuent que la succession & seigneurie principale tombe en
vn mesme suppost & personne auec le port des plaines Armes: le contraire peut aussi casuellement
arriuer comme maintenant il semble notoire : La Duchesse son Espouse portoit pareillement de
Bourbon contreparty d'Alençon qui est d'azur à 3. fleurs de Lys d'or 2. & 1. à la bordure de gueu-

les chargée de 8. bezans d'argent pour brizeure de l'aisneesse de Valois. Le Roy François 1. erigea le Comté de Vendosme en Duché & Pairrie, en faueur de Charles de Bourbon cy dessus, & le fist Cheualier de son Ordre.

Il deceda à Amiens le 5. Mars l'an 1538. & la Duchesse sa femme à la fleche le 4. Septembre l'an 1550.

2. **I**Acques de Bourbon Comte de Soissons 2. fils de François de Bourbon Comte de Vendosme, portoit de Bourbon-Vendosme.

Elle meurut l'an 1520.

3. **L**Ouys Cardinal de Bourbon Archeuesque de Sens, Primat des Gaules & de Germanie, 3. fils de François de Bourbon Comte de Vendosme, fut 1. Euesque du Mans, apres le deceds de Philippes Cardinal de Luxembourg, & eut pour successeur en cette Prelature Claude d'Angennes Cardinal de Ramboüillet, 3. fils de Iacques d'Angennes Seigneur de Ramboüillet, fauoris du Roy François 1. & l'vn de ses Lieutenans generaux en France & Italie, & de Marie de Maintenon son Espouse, du depuis il fut fait Euesque de Laon, Pair de France & Abbé de S. Denys fut creé Cardinal du tiltre de S. Syluestre par le Pape Leon 10. & du tiltre de S. Sabine par le Pape Clement 7. qui le crea pareillement Euesque, Cardinal de Preneste; & enfin l'an 1536. succeda à l'Archeuesché de Sens, apres le decez d'Anthoine Cardinal du Prat Chancelier de France, duquel est de present inuesty Octaue de Bellegarde de la Maison de Termes, en suitte de Iean Dauy frere de Iacques Dauy Cardinal du Perron, Conseiller d'Estat, Grand Aumosnier de France, Prelat associé à l'Ordre du Sainct Esprit, decedé en Septembre l'an 1618. successiuement Archeuesques de Sens. Il portoit de Bourbon-Vendosme qui est d'azur à 3. fleurs de Lys d'or & au baston de gueules chargé de 3 Lyons d'argent.

Il expira à Laon le 13. Mars l'an 1557.

4. **F**Rançois de Bourbon Comte de S Paul Cheualier de l'Ordre S. Michel, Gouuerneur & Lieutenant general pour le Roy François 1. en Dauphiné, 4. fils de François de Bourbon Comte de Vendosme & de Marie de Luxembourg Comtesse de S. Paul, espousa le 10. de Feurier l'an 1534. Adrienne Duchesse d'Estouteuille, fille vnicque & heritiere de Iean Seigneur d'Estouteuille, Grand Eschançon de Frāce (qui auoit pour sœur vnicque Iacqueline d'Estouteuille femme de Iacques Baron de Moüy & d'Anfreuille, premier Gentilhomme de Normandie, pere & mere de Iean de Moüy Seigneur de la Mailleraye, Conseiller d'Estat, Cheualier des 2. Ordres du Roy, Capitaine de 100. hommes d'Armes de ses Ordonnances, Vice Admiral de France, Lieutenant general pour le Roy au Gouuernement de Normandie, Pere de Iacques de Moüy Seigneur de Pierre-Court de Fours, & Thoillay, Cheualier des 2. Ordres, pere de Louys; de present Seigneur de la Mailleraye, qui a espousé 1. Catherine de Harlay fille de Charles de Harlay Baron de Sancy, de Molle & de Courceulles: & du depuis Marie fille du Seigneur de Foumanuille, Conseiller du Roy en la Cour de Parlement de Normandie, & d'Antoine Baron de Moüy, Lieutenant de la compagnie de Monsieur le Duc de Longueuille, qui a espousé Marguerite de Moges Dame de Tourmauuille, de Baron & Buron, tous lesquels ont escartelé leurs Armes d'Estouteuille depuis ceste alliance) & de Iacqueline d'estouteuille fille de Guy d'estouteuille & d'Isabeau de Croy, lequel Guy auoit pour sœurs Perrette d'Estouteuille, femme de René Seigneur de Clermont, Vice-Admiral de France, predecesseur de Henry Seigneur de Clermont d'Amboise, Marquis de Galerande, & de Ieanne femme de Iean-Antoine de S. Simon Marquis de Courtaumer & Seigneur de saincte Mere Eglise, & d'Isabelle femme de Gedeon de Boëtzeler & Asperen, Baron de Languerasq & du sainct Empire; & Catherine d'Estouteuille femme de Henry Seigneur d'Espinay, predecessur de Charles d'Espinay Marquis de Vaucouleur, qui a espousé la fille de Henry Marquis de la Luserne & Baron d'Amanuille, de Gilles d'Espinay Seigneur de Villers, de Charles d'Epinay Euesque & Comte de Dol auquel a succedé Anthôme de Reuolle frere puisné d'Adolphe Seigneur de Reuolle, Conseiller au grand Conseil du Roy, de Philippes Emanuel d'Espinay Seigneur de Broon, de Magdeleine femme de Nicolas Seigneur de Mathan, & de Renee d'Espinay premiere femme de Philippes de Roncherolles Baron de Hucqueuille & Seigneur de Plancry, toutes lesquelles Maisons sont aillees de ceste posterité: Il portoit pour Armoiries vn Escu escar-

K x   telé

celé au 1. & 4. quartier de Bourbon qui est d'azur à 3. fleurs de Lys d'or & au baston de gueules
pery en bande au 2. & 3. de Luxembourg qui est d'argent au Lyon de gueules, la queuë fourcheuë
& passée en sautoir, couronné, armé & lampassé d'or: La Comtesse son Espouse portoit de semblables Armes contrepartyes d'Estouteuille qui est burelé d'argent & de gueules de 10. pieces au
Lyon mort de sable accolé d'or brochant sur le tout: Quelques herauts sont d'aduis fondez sur ce
que ceste Maison procede de celle de Hongrie, qu'elle porte l'Escu de Hongrie auec brizeure;
neantmoins il ne s'y rencontre de parfaicte connenance d'autant qu'en l'vn il y a des burelles, &
en l'autre des faces: Le Roy François 1. fist François Comte de S. Paul, cy-dessus Gouuerneur de
l'Isle de France, du depuis de Dauphiné Cheualier de son Ordre, & erigea la Seigneurie d'Estouteuille en tiltre de Duché, & Pairrie en faueur de ceste alliance.

Il expira à Cotignan en Champaigne le 1. iour Septembre 1545. & la Comtesse sa femme mourut au Chasteau de Trie en Normandie au mois de May l'an 1560. Ils gisent en l'Abbaye de Vallemont.

67

1. ANtoinette de Bourbon fille aisnee de François de Bourbon Comte de Vendosme, & de Marie de Luxembourg Comtesse de S. Paul espousa le 12. Iuin 1512. à paris, Claude de Lorraine 1. Duc de Guyse & d'Aumalle, Pair de France, Prince de Ioinuille, & Marquis d'Elbeuf, Cheualier de l'Ordre S. Michel, Gouverneur & Lieutenant general pour le Roy Louys 12. en Bourgongne, fils puisné de René 2. du Nom Duc de Lorraine, & de Philippes de Gueldres, desquels descendirent François de Lorraine Duc de Guyse, Claude Duc d'Aumalle, & René Marquis d'Elbeuf: de François est sorty Henry pere de Charles de present Duc de Guyse, & de Claude Duc de Cheureuse: & Charles Duc de Mayenne Pair & grand Chambellan de France, Cheualier des 2. Ordres, pere de Henry aussi Duc de Mayenne & d'Aiguillon, Cheualier des 2. Ordres, Lieutenant general pour le Roy en Guyenne, Grand Chambellan de France, qui est mort pour le seruice de l'Estat au siege de Montauban: de Claude Duc d'Aumale descendit Charles aussi Duc d'Aumale Cheualier des 2. Ordres: & de René Charles Duc d'Elbeuf pere de Charles de present Duc d'Elbeuf: Elle portoit pour Armoiries vn Escu couppé de 8. pieces 4. en chef & 4. en pointe en la 1. du chef de Hongrie qui est facé d'argent & de gueules de 8. pieces en la 2. d'Anjou-Naples qui est d'azur semé de fleurs de Lys d'or au lambeau de gueules de 3. pieces en la 3. de Hierusalem qui est d'argent à la croix potencee d'or quantonnee de 4. croix couppees de mesme metail en la 4. d'Arragon qui est d'or au pal de gueules de 4. pieces en la 1. de la pointe de la derniere branche d'Anjou qui est d'azur aux fleurs de Lys d'or sans nombre & à la bordure de gueules en la 2. & 3. de Gueldres qui est d'azur au Lyon contourné d'or, armé lampassé & couronné de gueules party d'or au Lyon de sable, armé & lampassé de gueules qui est de Flandres en la 4. de Bar qui est d'azur à 2. Bars addossez d'or, dentez & allumez d'argent, l'Escu semé de croix recroisees au pied fiché d'or & sur le tout de Lorraine qui est d'or à la bande de gueules chargee de 3. Allerions d'argent & pour brizeure vn lambeau de 3. pieces de gueules pozé en chef contreparty de Bourbon Vendosme qui est d'azur à 3. fleurs de Lys d'or, le baston de gueules pery en bande chargé de 3. Lyons d'argent. Claude de Lorraine cy-dessus fut faict Cheualier, Duc & Pair de France par le Roy François 1.

Elle deceda à Ioinuille le 18. Ianuier 1582. & gist au mesme lieu.

2. LOuyse de Bourbon Abbesse de Fonteuraud 2. fille de François de Bourbon Comte de Vendosme fut creée Abbesse dudit lieu de Fonteuraud l'an 1515. & portoit de Bourbon-Vendosme.

Elle deceda l'an 1560.

68

3. & 4. LOuys de Bourbon 1. Duc de Montpensier, Pair de France, Comte Dauphin d'Auuergne, Prince souuerain de Dombes, Comte de Mortaing, Vicomte d'Auge & de Brosse, Baron de Beaujolois & Seigneur de Champigny, Cheualier de l'Ordre S. Michel, Gouuerneur & Lieutenant general pour le Roy Henry 2. en Bretaigne, Anjou, Touraine & Mayne, surnommé le bon fils aisné de Louys de Bourbon Prince de la Roche-suryon, & de Louyse de Bourbon Comtesse de Montpensier, espousa en 1. nopces l'an 1538. Iacqueline de Longuy fille de Iean de Longuy Baron de Givry, de Paigny & de Mirebeau, Seigneur de Fontaine-Françoise, Seneschal hereditaire de Bourgongne, & de Ieanne d'Orleans donnee d'Angoulesme, fille naturelle de Charles d'Orleans Duc d'Angoulesme pere du Roy François 1. & sœur puisnee de Françoise de Longuy Dame de Mirebeau & de Paigny, femme de Philippes Chabot Comte de Buzarçois & de Charny Seigneur de Brion, Admiral de France, puis de Iacques Seigneur d'Escars, & conuolant en 2. nopces espousa l'an 1570. Catherine de Lorraine fille de François de Lorraine Duc de Guyse & de Mayenne, Prince de Ioinuille, Pair & Grand Maistre de France, & d'Anne d'Est fille d'Hercules d'Est 2. du Nom Duc de Ferrare, & de Renee de France fille puisnee du Roy Louys 12. & sœur de Henry de Lorraine Duc de Guyse, Cheualier des 2. Ordres : de Charles Duc de Mayenne aussi Cheualier; & de Louys Cardinal de Guyse Archeuesque & Duc de Rheims, Pair de France, Prelat associé à l'Ordre du S. Esprit : Il portoit de Bourbon-Montpensier de la derniere branche qui est d'azur à 3. fleurs de Lys d'or & au baston de gueules pery en bande brizé d'vn Croissant d'argent : sa 1. femme portoit semblables Armes contrepartyes de Longuy qui est d'azur à la bande d'or ; la 2. portoit aussi de Bourbon-Montpensier contreparty de Lorraine-Guyse, qui est vn Escu couppé de 8. pieces, 4. en chef en 4. pointe en la 1. du chef de Hongrie qui est facé d'argent & de gueules de 8. pieces en la 2. d'Anjou-Naples qui est semé de France au lambeau de gueules de 3. pieces en la 3. de Hierusalem qui est d'argent à la Croix potencee d'or cantonnee de 4. croisettes de mesme metail en la 4. d'Arragon qui est d'or au pal de 4. pieces de gueules en la 1. de la pointe d'Anjou qui est semé de Frăce à la bordure de gueules en la 2. d'azur au Lyon contourné d'or, courôné, armé & lampassé de gueules qui est de Gueldres party en la 3. de Flandres qui est d'or au Lyon de sable, armé & lampassé de gueules en la 4. de Bar qui est d'azur à 2. Bars addossez d'or, dentez & allumez d'argent l'Escu semé de croix recroisees au pied fiché d'or, & sur le tout de Lorraine qui est d'or à la bande de gueules chargee de 3. Allerions d'argent, l'Escu entier brizé en chef d'vn lambeau de gueules de 3. pieces. Le Roy François 1. le fit Cheualier de son Ordre, & erigea en sa faueur le Comté de Montpensier en Duché & Pairrie de France.

Il deceda à Champigny où il gist, le 23. Septembre 1582. & la Duchesse sa 1. femme le 28. Aoust 1561. & la 2. le 6. May 1566.

1. Charles

69

1. CHarles de Bourbon Prince de la Roche suryon , Gouuerneur & Lieutenant general pour le Roy Henry 2. és païs de Berry , Orleannois , Chartrain & Dauphiné, 2. fils de Louys de Bourbon Prince de la Roche-suryon , & de Louyse de Bourbon Comtesse de Montpensier, espousa l'an 1550. Philippes de Montespedon Marquise de Beaupreau, fille vnicque & heritiere de Ioachim de Montespedon Seigneur de Beaupreau, Baron de Chemillé, & de L. anne de la Haye vefue de René Seigneur de Môteian. Il portoit les Armes escartelees, sçauoit au 1. & 4. quartier de Bourbon- Montpensier au 2. & 3. de Bourbon contreparty d'vn Escu pareillemêt escartelé au 1. quartier de sable au Lyon d'argent, armé & lampassé de gueules qui est de Montespedon: autres blasonnent d'argent au Lyon de sable , telles que les portent les Seigneurs de la Menardiere au 2. de gueules aux fleurs de Lys d'or sans nombre qui est de Chasteaubriant, lesquelles estoient autresfois d'azur semees de Pommes de Pin d'or au 3. de gueules à 3. fuzées d'hermines pozees en face & 6. bezans aussi d'hermines , 3. en chef & 3. vers la pointe de l'Escu qui est de Dinan au 4. d'or à la face de 2. pieces de gueules & à l'orle de 9. merlettes de mesme couleur qui est de la Haye, les Seigneurs de la Haye en Normandie , portoient d'argent à 3. Escussons de gueules escartelé de Renty qui est d'argent à 3. haches de gueules 2. en chef addossees & 1. en pointe telles que les porte maintenant Iean Baptiste Baron de Renty de la descente des Marquis de Renty Ducs de Croy, party de la Forest qui est d'argent au chef endenté de sable : & sur le tout d'hermines qui est de Bretaigne : Les anciens Roys de Bretaigne portoient d'azur au Lyon d'or qui sont les Armes de Gomer fils de Iaphet l'vn des fils de Noé , depuis changees par Machanus (qui reignoit du temps du Roy Clouis) en vn Escu de gueules à 9. macles d'or pozees en pal, blason retenu par les Seigneurs de Rohan descendus de ce tige ; les premiers Comtes ont porté d'azur à 3. gerbes de bled d'or liees de gueules ; Armes retenuës par les Seigneurs de Ponthievre, & les derniers Comtes & Ducs descendus de la branche de Dreux ont porté d'hermines : Elle portoit de Bretaigne de Dinan & de Chasteaubriant, pour estre descenduë en ligne paternelle de Iacques de Dinan Baron de Chasteaubriant, qui auoit espousé Catherine de Rohan fille d'Alain 9. Vicomte de Rohan , & de Marguerite de Bretaigne fille de Iean 5. du Nom Duc de Bretaigne : La Seigneurie de Beaupreau fut erigee en Marquisat par le Roy Henry 2. en faueur de ceste alliance l'an 1554. & du depuis en Duché & Pairrie de France, en la personne de Guy de Sepeaux Comte de Chemillé duquel est issuë Ieanne de Sepeaux Duchesse de Beaupreau qui a espousé Henry de Gondy Duc de Rets,

M m   Fait

70

Pair de France, Marquis de Belle isle & des isles d'or, Cheualier des 2. Ordres du Roy, fils de Charles de Gondy Marquis de Belle isle, fils aisné d'Albert de Gondy Duc de Rhetz, Cheualier des 2. Ordres, Mareschal, Pair & General des Galeres de France, & frere aisné de Henry de Gondy Cardinal de Rethz, dernier Euesque de Paris, & Abbé de S. Magloire : De Iean-François de Gondy 1. Archenesque de Paris & Abbé de S. Aubin, & de Philippes Emanuel de Gondy Comte de Ioigny, Pair de Champaigne Baron de Dampierre, Cheualier des 2. Ordres, Lieutenant general pour le Roy és Mers du Leuant, & General des Galeres de France.

Il deceda à Beaupreau en Anjou le 10. Octobre 1565. Et la Princesse son Espouse l'an 1578. & sont ensepuelis en l'Abbaye de Belle-fontaine.

2. SVsanne de Bourbon fille vnicque de Louys de Bourbon Prince de la Roche-suryon, & de Louyse de Bourbon Comtesse de Montpensier, espousa l'an 1527. Claude Seigneur de Rieux, d'Ancenix & de Rochefort, Comte de Harcourt & d'Aumale, Vicomte de l'Islebonne, fils aisné de Iean Seigneur de Rieux (qui auoit pour sœur Françoise de Rieux femme de François de Coësme Baron de Lucé, pere de Nicolas de Coësme Baron de Lucé, & ayeul de Charles Baron de Lucé, & de Marguerite femme de Charles Seigneur d'Angennes & de Ramboüillet, desquels sortirent Iacques 4. & René Seigneur de la Louppe & 2. filles, sçauoir, Antoinette alliée à la Maison de Broüillard Mont-jay, & Louyse en celle de Thoüars, fils de Iean d'Angennes 8. du Nom, Seigneur de Ramboüillet & de Marie du Bellay de la descente de Iean Seigneur d'Angennes allié des Comtes d'Anjou, qui assista Hüe Capet en l'establissemét de son reigne) & d'Elizabeth de Brosse & Bretaigne, fille de Iean de Brosse Côte de Ponthieure ; de laquelle alliance sortirent Claude de Rieux femme de Francois de Colligny Seigneur d'Andelot, pere de Paul de Colligny, du depuis nommé Guy 19. Comte de Laual pere de Guy 20. Comte de Laual & de Harcourt qui expira en Hongrie : & Louyse de Rieux femme de René de Lorraine Marquis d'Elbeuf, pere de Charles 1. Duc d'Elbeuf & ayeul de Charles 2. du Nom, & de Henry de Lorraine Comte de Harcourt : Elle portoit de l'alliance de son mary de Rieux qui est d'azur à 10. bezans d'or, 3. 3. 3. 1. & antiennement à 3. besans qui est le blason de la Maison des Seigneurs de Beneauuille brizé d'vne face d'or. Iean de Rieux Marquis d'Asserac Seigneur de la fueillee, est de present chef des Armes de Rieux, laquelle branche escartelloit de Rochefort qui est vairé d'or & d'azur, sur le tout de Harcourt qui est de gueules à la face d'or de 2. pieces, Guy de Rieux Seigneur de Chasteau-neuf & Vicomte de Donges, qui a espousé Eleonor de Roche chouart, fille de René de Rochechoüart, Marquis de Mortemar, porte de Rieux escartelé d'Espinay de la branche de sa mere, & Guy de Rieux Marquis d'Oixant fils de René de Rieux Seigneur de Sourdeac, Cheualier des 2. Grdres du Roy, & Gouuerneur de Brest, qui a espousé Louyse de Vieu-pont, fille d'Alexandre de Vieu-pont Baron de Neufbourg, Vice admiral de Bretaigne, porte de Rieux escartelé de Bretaigne & sur le tout de Harcourt : contreparty de Bourbon Montpensier qui est d'azur à 3. fleurs de Lys d'or & au baston de gueules pery en bande chargé d'vn croissant d'argent pour brizeure.

Elle deceda l'an 1533. & son mary l'an 1532. ayant esté pris prisonnier en la bataille funeste de Pauie liurée le 24. iour de Feurier 1525. ils gisent en l'Eglise des Cordeliers d'Ancenix.

3. FRançois de Bourbon Comte de Clermont, fils vnicque de Charles 2. du Nom, dernier Duc de Bourbon, & de la Duchesse Susanne de Bourbon, portoit de Bourbon cy-dessus.
Il deceda l'an 1518. & preceda ses pere & mere.

4. ISabelle de Bourbon fille naturelle de François de Bourbon Duc de Chastellerault, espousa l'an 1515. Laurens Suares de Mendoze Comte de Corna, 2. fils d'Alphonse Suares de Mendoze Duc de l'Infantasque en Espaigne : Elle portoit de l'alliance du Comte son mary vn Escu escartelé au 1. & 4. quartier d'argent au Lyon d'azur armé & lampassé d'or qui est de Suares party de gueules au chasteau crenelé d'or qui est de Castille, lequel Escu fut donné à ceste Maison par Charles 5. Empereur & Roy d'Espaigne au 2. & 3. quartier contr'escartelé en sautoir au 1. & 4. canton cotticé d'or & de sinople de 6. pieces, autres blasonnent (cotticé en chef & en pointe & flanqué de gueules) ou de gueules à la bande de sinople bordee d'or & diuersement, sçauoir d'azur à la bande d'or chargee d'vne cottice de gueules, qui est de Mendoze au 2. & 3. de gueules, aucuns y adjoustent 10. panelles d'argent qui est de l'Infantasque : les Seigneurs de Mendoze issus de Nauarre, portoient de Nauarre sur le tout : contreparty de Bourbon qui est d'azur à fleurs de Lys d'or, & au baston d'argent pery en contrebande.
Elle mourus l'an 1539.

　　　1. Louys

1. LOuys de Bourbon Comte de Marle, fils aisné de Charles de Bourbon Duc de Vendosme portoit de Bourbon.

Il deceda à Vendosme le 7. iour d'Auril l'an 1517.

2. ANtoine de Bourbon Duc de Vendosmois & de Beaumont, Pair de France, Comte de Soissons, de Marle & de Conuersan, 2. fils de Charles de Bourbon aussi Duc de Vendosmois, & de Françoise d'Alençon Duchesse de Beaumont, espousa à Moolins le 20. Octobre 1548. Ieanne Royne de Nauarre lors Princesse de Nauarre, fille vnieque & heritiere de Henry Roy de Nauarre, Prince de Bearn, Comte de Foix & de Bigorre, Seigneur d'Albret, & de Marguerite de Valois ou d'Orleans, Duchesse de Berry, Comtesse d'Armaignac, Doüairiere d'Alençon, comme ayant espousé Charles Duc d'Alençon, Pair de France, Comte du Perche, Vicomte de Beaumont, Seigneur de la Fleche, de Verneil & Damfront, iœur du Roy François 1. Il portoit premierement de Bourbon du depuis selon la reigle ordinaire des Princes qui espousent des Roynes heritieres : Il prist l'Escu de Nauarre rendu, lors tymbré de diuerses Seigneuries & couppé de 8. pieces, sçauoir, 4. en chef & 4. en pointe, en la premiere du chef de Nauarre qui est de gueules à l'escarboucle pommettee d'or, pour representer selon l'adüis des Nauarrois la lumiere de la vision qu'eut le Roy Garcia Ximenes l'an 726. combattant les Mores d'Espaigne, ou ce sont chaisnes selon les autres pour donner à entendre qu'il triompha de la captiuité de ceste nation, ou ce sont pallisades ou pieux d'armee au dire de quelques Herauts de Nauarre en la 2. de Bourbon qui est d'azur à 3. fleurs de Lys d'or & au baston de gueules pery en bande en la 3. d'Albret qui est vn Escu escartelé au 1. & 4. quartier de France qui est d'azur à 3. fleurs de Lys d'or 2. & 1. au 2. & 3. de gueules, lequel quartier de France fut donné par priuilege d'honneur au Seigneur d'Albret par le Roy Charles 6. dequoy il est cy-deuant fait mention en l'Eloge d'Armand Amanieu Seigneur d'Albret en la 2. d'Arragon qui est d'or au pal de 4. pieces de gueules en la 1. de la pointe escartelé au 1. & 4. de Foix, qui est d'or au pal de 3. pieces de gueules : les antiens Seigneurs de Foix portoient de gueules au Loup rampant d'or, lampassé, armé & denté d'argent au 2. & 3. de Bearn qui est d'or à 2. vaches passantes de gueules, accornees, accollees & clarinees d'azur, lequel blason fut pris par les Seigneurs de Bearn pour representer la fertilité de leur terre, en la 2. vn Escu escartelé au 1. & 4. d'Armaignac qui est d'or au Lyon de gueules, armé & lampassé d'argent au 1.

 & 3. de

72

& 1. de Guyenne qui est de gueules au Leopard Lyonné d'or, armé & lampassé d'argent en la 3. d'Eureux qui est d'azur semé de fleurs de Lys d'or (autres reduisent à 3.) au baston componné d'argent & de gueules pery en bande en la 4. d'Arragon. Sicile qui est de gueules au pal de 4. pieces de gueules flancqué d'argent à 2. Aigles de sable, lesquelles Armes ont esté changees diuersement selon la mutation des familles : Les Princes Normands Roys de Sicile portoiët de gueules à la bande echiquetee d'argent & d'azur de 2. traicts ; ce qui fut continué iusques apres la mort du Roy Guillaume le Bon, que Constance sa sœur heritiere du Royaume de Sicile, espousant l'Empereur Henry 6. de la Maison de Suaube, que les Armes des Ducs de Suaube demeurerent affectees à cét Estat, qui sont d'argent à 3. Leopards de sable : blason porté par sa posterité iusques au bastard Mainfroy, qui porta d'argent à 2. Aigles de sable, & du depuis les Roys d'Arragon successeurs de ce bastard en son vsurpatiõ des Royaumes de Sicile & de Naples sur la Maison d'Anjou, s'arresterent aux Armes d'Arragon flancquees de celles de Mainfroy ; lequel blason a esté porté iusques à maintenant sans changement par ceux qui se sont tiltrez Roys de Sicile, & sur le tout de Bearn comme cy dessus ; Ceux qui blasonnent autrement, disent en la 1. du chef de Nauarre en la 2. de Bourbon, en la 3. d'Albret au quartier d'honneur de France en la 4. de Foix, soustenu en la 1. de la pointe de Bearn contre soustenu d'Armaignac escartelé de Guyenne party d'Eureux tiercé d'Arragon Sicile, flancqué de Castille qui est de gueules au chasteau crenelé d'or & de Leon qui est dargent au Lyon de pourpre armé & lampassé de gueules, & sur le tout de Bigorre qui est d'or à 2. Lyons leopardez de gueules, armez & lampassez d'argent. Il est à remarquer que les Roys de Nauarre portoient d'Arragon & de Sicile, d'autant que Blanche de Nauarre fille de Charles 3. du Nom Roy de Nauarre, espousa Martin Roy de Sicile, fils aisné de Martin Roy d'Arragon, & du depuis Iean d'Arragon Duc de Pegnafiel fils de Ferdinand Roy d'Arragon & celles d'Eureux en consequence que la branche d'Eureux est fonduë en la Maison Royalle de Nauarre, depuis que Philippes Comte d'Eureux, fils aisné de Louys de France Comte d'Eureux (descendu du Roy Philippes le Hardy) espousa Ieanne de France Royne de Nauarre, fille vnicque de Louys Hutin Roy de France & de Nauarre, lesquelles Armes d'Eureux escartelees au 1. & 4. quanton de Nauarre, ont esté retenuës iusques à present par ceux de la Maison de Rohan, de la descente de Ieanne de Nauarre & d'Eureux, fille de Philippes Roy de Nauarre & Comte d'Eureux, ey dessus femme de Iean 2. du Nom Vicomte de Rohan, & celles de Foix & de Bearn, depuis qu'Eleonor Royne de Nauarre fille de Iean d'Arragon (2. fils du Roy Ferdinand d'Arragon, lequel estoit fils puisné de Iean Roy de Castille) & de Blanche Royne de Nauarre fille de Charles 3. du Nom Roy de Nauarre surnommé le Noble ; & d'Eleonor de Castille fille de Henry Roy de Castille, eut espousé Gaston 4. du Nom Comte de Foix, & de Bigore Seigneur de Bearn pere & mere de Gaston de Nauarre, & de Foix Prince de Viane, duquel & de Magdaleine de France fille du Roy Charles 7. sortit François Phebus Roy de Nauarre, & Catherine Royne de Nauarre Comtesse de Foix & Princesse de Bearn apres le deceds de son frere, femme de Iean Seigneur d'Albret, auquel temps les Armes d'Albret & d'Armaignac furent adjoustées à l'Escu de Nauarre, lequel blason d'Armaignac fut pris par Charles Seigneur d'Albret, ayant espousé Anne d'Armaignac fille de Bernard 3. du Nom Comte d'Armaignac & de Rhodais Vicomte de Carlat, Connestable de France ; de Iean Seigneur d'Albret du depuis Roy de Nauarre (sur lequel le Royaume de Nauarre fut vsurpé par Ferdinand Roy de Castille & Arragon cy-dessus) descendit Henry 2. du Nom Roy de Nauarre & Prince de Bearn, pere de Ieanne Royne de Nauarre femme d'Antoine de Bourbon, pour le subiect de laquelle alliance, l'Escu de Bourbon a esté employé au 1. quartier de l'Escu du present Eloge.

Il expira le 17. Nouembre 1562. de la blesseure qu'il receut au siege de Roüen, & gist à S. Georges de Vendosme : La Royne sa femme mourut le 9. Iuin 1572.

3. FRançois de Bourbon Comte d'Anguien Gouuerneur & Lieutenant general pour le Roy François 1. en Languedoc 3. fils de Charles de Bourbon Duc de Vendosme, portoit de Bourbon à la bordure de gueules par brizeure.

Il fut tué en la bataille de Cerisoles le 28. Feurier 1547.

4. LOuys de Bourbon Comte de Conuersan 4. fils de Charles de Bourbon Duc de Vendosme portoit de Bourbon le baston brizé d'vne Estoille d'argent vers le chef.

Il deceda le 25. Iuin l'an 1525.

73

2. CHarles de Bourbon 1. du Nom, Cardinal du Siege Apostolicque, Legat d'Auignon, 80. Archeuesque de Roüen, Primat de Normandie & Abbé de S. Germain des prés, Prelat associé à l'Ordre du Sainct Esprit, 5. fils de Charles de Bourbon Duc de Vendosme fut sacré 1. Euesque de Neuers l'an 1539. & tint au mesme temps par dispense celuy de Saintes iusques en l'an 1549. qu'il succeda à l'Archeuesché de Roüen par le deceds de Georges 2. du Nom Cardinal d'Amboise, successeur de Georges 1. du Nom Cardinal d'Amboise & Legat en France, son oncle en suitte de Robert de Croïsmare, & de Guillaume Cardinal d'Estouteuille, il presida au Concile Prouincial de Normandie, en la mesme annee 1549. le Pape Iules 3. du Nom le crea Cardinal du tiltre de S. Crisogon, & le Pape Pie 4. le commit Legat d'Auignon l'an 1564. Il succeda au Cardinal de Tournon en l'administration de l'Abbaye de S. Germain des Prés, & estoit lors de son decez Doyen du College des Cardinaux : Il portoit les plaines Armes de Bourbon, sçauoir d'azur à 3. fleurs de Lys d'or 2. & 1. le baston de gueules pery en cottice sans toucher aux bords de l'Escu, depuis l'aduenement du Roy Henry le Grand à la Couronne, il fut le premier d'entre les Prelats de France associé à l'Ordre du S. Esprit par le Roy Henry 3. au 1. Chapitre de cet Ordre tenu l'an 1579.

Il expira à Foutenay le Comte en Poictou l'an 1590. & son corps est ensepuely en la Chartreuse de Gaillon en Normandie, qu'il auoit fondee & dotee.

3. IEan de Bourbon Comte d'Anguien & Vicomte de Meaux 6. fils de Charles de Bourbon Duc de Vendosme & de Françoise d'Alençon Duchesse de Beaumont, espousa l'an 1555. par dispense, Marie de Bourbon Duchesse d'Estouteuille & Comtesse de S. Paul, fille vnicque & heritiere de François de Bourbon Comte de S. Paul, & de Iacqueline d'Estouteuille : Il portoit vn Escu escartelé au 1. & 4. quartier de Bourbon qui est d'azur à 3. fleurs de Lys d'or & au baston de gueules pery en bande au 2. & 3. d'Alençon qui est aussi d'azur à 3. fleurs de Lys d'or 2. & 1. & à la bordure de gueules chargee de 8. bezans d'argent : La Duchesse son Espouse portoit semblables Armes contreparties d'vn Escu pareillement escartelé au 1. & 4. de Bourbon, au 2. & 3. d'Estouteuille qui est burelé d'argent & de gueules de 10. pieces au Lyon mort de sable accolé d'or, brochant sur le tout. *Il expira au lict d'honneur en la bataille S. Quentin iournee de S. Laurens, le 10. Aoust 1557.*

4. & 1. LOuys de Bourbon Prince de Condé Comte de Soissons, d'Anisy & de Valery, Gouuerneur & Lieutenant general pour le Roy Henry 2. en Picardie, Calais, Artois, Boulonnois & Guines 7. fils de Charles de Bourbon Duc de Vendosme, & de Françoise d'Alençon

 Duchesse

74

Duchesse de Beaumont, espousa en 1. nopces le 22. Iuin l'an 155. Eleonor de Roye sœur aisnee de Charlotte de Roye Comtesse de Roucy (femme de François 3. du Nom Comte de la Rochefoucault, desquels est descendu Charles de la Rochefoucault & de Roye Comte de Roucy, lequel de Claude de Gontault & de Biron, fille d'Armand de Gontault Baron de Biron Chevalier des 2. Ordres du Roy, Mareschal de France, a laissé François Comte de Roucy) fille & principale heritiere de Charles Seigneur de Roye, de Muret & de Germigny, & de Magdaleine de Mailly Dame de Conty sœur puisnee de Louyse de Mailly Abbesse de S. Trinité de Caën, filles de Ferry de Mailly Baron de Conty, de Sailly & de Courcelles en Artois, & de Louyse de Montmorency, & en 2. nopces le 4. Decembre l'an 1563. espousa à Vendosme Françoise d'Orleans fille de François d'Orleans Marquis de Rhotelin Comte souuerain de Neufchastel, & de Montgommery Prince de Chastellaillon Vicomte de Melun, Seigneur de Beaugency, Blandy, de la Brosse, Abbeuille, Crotoy & Monstrueil, fils de Louys d'Orleans 1. du Nom Duc de Longueuille (qui espousa Ieanne de Hochberg fille & heritiere de Philippes Marquis d'Hochberg, Comte souuerain de Neufchastel & de Valengin, Seigneur de Rothelin & Sussemberg, S. Georges & S. Croix, Mareschal de Bourgongne, Prince de la Maison des Marquis de Bade en Allemaigne) descendu de François d'Orleans 2. du Nom Comte de Dunois 1. Duc de Longueuille, fils de François 1. du Nom Comte de Dunois, Tancaruille & Montgommery, fils vnique de Iean d'Orleans Comte de Dunois & de Longueuille, fils naturel de Louys de France Duc d'Orleans, Comte de Valois, de Blois & de Beaumont fils puisné du Roy Charles 5. & de Iacqueline de Rohan fille de Charles de Rohan Seigneur de Gié Mareschal de France (en suitte de la mort d'Amaulry Seigneur de Lesnerac aussi Mareschal de France) de la branche de Gié qui commence à Pierre de Rohan Seigneur de Gié, puisnee de celle des Princes de Guimenay & Ducs de Montbazon, pareillement puisnez des Ducs de Rohan, des Armes de laquelle branche est de present chef, Hercules de Rohan Duc de Montbazon Comte de Rochefort, Pair & Grand Veneur de France, Cheualier des 2. Ordres & Gouuerneur de Paris, qui auoit cy-deuant pour freres aisnez, Louys de Rohan creé 1. Duc de Montbazon par le Roy Henry 3. & Pierre de Rohan Prince de Guimenay Comte de Montauban & Seneschal d'Anjou, & qui a pour puisné Alexandre Marquis de Marigny, Cheualier des 2. Ordres, & pour sœurs Renee de Rohan femme de Iean de Coetquen Comte de Combour, Lucrece femme de Iacques de Tournemine Marquis de Coëtmur; Elizabeth femme de Nicolas de Pelué Comte de Flers Chastellain de Condé, Cheualier de l'Ordre du Roy, pere & mere de Louys de Pesué, de present Comte de Flers, Baron de Chaligny, & de Pierre Baron de Tracy, Siluie qui a espousé 1. François d'Espinay Seigneur de Broon, du Guesclin & de Beaumont, Baron du Mollay, desquels est descendu Philippes-Emanuel d'Espinay Seigneur de Broon, qui a pour femme Anne de Varinieres 2. fille de Charles de Varinieres Seigneur de Blainuille & Baron de Biars, Gouuerneur & Lieutenant pour le Roy au Bailliage de Caën, frere aisné de Iean Seigneur de Varinieres & de Blainuille, Cheualier des 2. Ordres du Roy, premier Gentilhomme de sa Chambre, Maistre de sa Garderobe, Enseigne de la Compaignie de sa Majesté & son Ambassadeur vers le Roy de la grand' Bretaigne, & en 2. nopces Antoine de Sillens Baron de Creully & Seigneur de Hermanuille, Cheualier & Gentilhomme ordinaire de la Chambre du Roy, fils aisné d'Antoine aussi Baron de Creully, & de Renee Sanglier fille de Gilles Sanglier Seigneur de Bois rogues, Hay, Esgaseelin, Chanzeaux & Bree, duquel 2. mariage sont descendus 2. fils, dont Antoine l'aisné porte qualité de Seigneur de Creully, & le puisné François est Abbé de Breau, Marguerite qui espousa 1. Charles Marquis d'Espinay & Comte de Durtal, & du depuis Philippes Vicomte de Pompadour & Eleonor demeuree en Celibat: Il portoit vn Escu escartelé au 1. & 4. quartier de Bourbon qui est d'azur à 3. fleurs de Lys d'or & au baston de gueules pery en bande au 2. & 3. d'Alençon qui est de France à la bordure de gueules chargee de 8. bezans d'argent sur le tout pour brizeure l'Escu de Luxembourg des Armes de son Ayeulle paternelle qu'il quitta apres le decez du Comte d'Anguien son frere, qui est d'argent au Lyon de gueules, dont la queuë est passee en sautoir, couronné, armé & lampassé d'or; la Princesse sa 1. femme portoit de mesme contreparty de Roye qui est de gueules à la bande d'argent; la derniere portoit semblablement de Bourbon escartelé d'Alençon contreparty d'Orleans-Longueuille qui est d'azur à 3. fleurs de Lys d'or 2. & 1. au lambeau d'argent de 3. pieces en chef & au baston de gueules pery en bande brochant sur le tout: autres blasonnent au baston d'argent.

Il mourut le 13. Mars 1569. la Princesse sa 1. femme le 23. Iuillet 1564. & la derniere le 11. Iuin 1601.

1. Marie

75

1. MArie de Bourbon fille aisnée de Charles de Bourbon Duc de Vendosme, portoit de Bourbon.

Elle deceda à la Fere en Picardie le 28. de Septembre l'an 1538.

2. MArguerite de Bourbon 2. fille de Charles de Bourbon Duc de Vendosme, espousa l'an 1539. François de Cleues 1. Duc de Niuernois, Comte d'Eu, Dreux, Rhetel, Beaufort, Auxerre, Souuerain des terres D'outremeuse, Marquis d'Isles, Baron de Donsy, Pair de France, Gouuerneur & Lieutenant general pour les Roys François 1. & Henry 2 és pays de Champaigne, Brie & Luxembourg, fils de Charles de Cleues Comte de Neuers (descendu d'Engilbert Comte de Neuers & de Charlotte de Bourbon) & de Marie d'Albret Comtesse de Rhetel & Dame d'Orual, de laquelle alliance sortirent 3. fils successiuement Ducs de Neuers & 3. filles; l'aisnee Henriette de Cleues femme de Louys de Gonzague Prince de Mantouë. Catherine Comtesse d'Eu , de present Duchesse Doüairiere de Guyse & de Porcean, & Marie femme de Henry de Bourbon Prince de Condé , cy-apres remarquee : Elle portoit de l'alliance du Duc son mary vn Escu escartelé au 1. quartier contr'escartelé au 1. quanton de Cleues, qui est de gueules à l'escarboucle pommettee & fleurettee d'or l'Escu d'Helias enté en cœur qui est d'argent à l'esmeraude de sinople au 2. de la March qui est d'or à la face echiquetee d'argent & de gueules de 3. traicts au 3. d'Eu-Artois qui est d'azur semé de fleurs de Lys d'or au lambeau de gueules de 4. pieces chargees de 12. chasteaux d'or , 3. 3. 3. 3. au 4. de Brabant qui est de sable au Lyon d'or , armé & lampassé de gueules au 2. quartier derechef contr'escartelé au 1. & 4. quanton de Neuers-Bourgongne qui est d'azur à 3. fleurs de Lys d'or à la bordure componnee d'argent & de gueules au 2. & 3. de Rhetel qui est de gueules à 3. rasteaux demanchez, dentez de 6. pieces; le tout d'or contr'escartelé derechef & soustenu de l'Escu d'Albret Orual qui est de France, au 1. & 4. sçauoir d'azur à 3. fleurs de Lys d'or au 2. & 3. d'Albret qui est de gueules à la bordure engreslee d'argent pour brizeure au 3. & 4. quartier de mesme , qu'au 1. & 2. Autres blasonnent diuersement en ceste sorte, porte escartelé au 1. de Cleues party de la March au 2. d'Eu-Artois party de Brabant au 3. de Neuers-Bourgongne au 4. de Rhetel party & escartelé au 1. & 4. de France au 2. & 3. d'Albret Orual : Il portoit les Armes de Rhetel comme Seigneur de Rhetelois, & celles d'Albret Orual de la ligne de sa mere Marie d'Albret fille & heritiere de Iean d'Albret Seigneur d'Orual Comte de Rhetel; & de Charlotte de

P p   Bourgongne

76

Bourgongne Comtesse de Neuers, fille de Iean de Bourgongne Comte de Neuers & Rhetel Duc de Brabant : les raisons du port des autres Armes sont cy-deuant deduites en l'Eloge d'Emgilbert de Cleues Comte de Neuers contreparty de Bourbon cy-dessus.

Elle deceda l'an 1552. & le Duc son mary le 13. Feurier 1561.

3. **M**Agdaleine de Bourbon Abbesse de S. Croix de Poictiers & Prieure de la Prouille, 3. fille de Charles de Bourbon Duc de Vendosme, fut voislee l'an 1528, & portoit de Bourbon : Charlotte Flandrine de Nassau & de Chalon fille de Guillaume de Nassau & de Chalon, Prince d'Orenge & de Charlotte de Bourbon est de present Abbesse de Poictiers, & Ieanne de Lorraine fille de Henry de Lorraine Duc de Guyse, est Prieure du Monastere de la Prouille.

Elle mourut l'an 1590.

4. **C**Atherine de Bourbon Abbesse de Soissons 4. fille de Charles de Bourbon Duc de Vendosme fut voislee l'an 1530. le 22. iour de May au Conuent du Mont Caluaire de la Fere, & depuis fut nommee Abbesse de Soissons par le Roy François 1. & portoit de Bourbon.

Elle deceda à Paris le 12. May l'an 1594.

  E. Renée

77

1. **R**Enée de Bourbon Abbesse de Chelles 5. fille de Charles de Bourbon Duc de Vendosme, fut voilée l'an 1550. & portoit de Bourbon qui est d'azur à 3. fleurs de Lys d'or & au baston de gueules pery en bande.

Elle deceda à Chelles où elle gist, le 9. de Feurier 1583.

2. **E**Leonor de Bourbon Abbesse de Fontevraud 6. fille de Charles de Bourbon Duc de Vendosme fut voilée l'an 1560. & succeda à sa Tante Louyse de Bourbon Abbesse de la mesme Abbaye: Elle portoit de Bourbon.

Elle deceda au mois de Mars l'an 1611. & gist à Fontevraud.

3. **F**Rançois de Bourbon 2. du Nom, Comte de S. Paul & Duc d'Estouteuille, Pair de France, Gouuerneur & Lieutenant General pour le Roy Fançois 1. en Dauphiné, fils vnicque de François de Bourbon 1.du Nom Comte de S.Paul,& d'Adrienne Duchesse d'Estouteuille, portoit vn Escu escartelé au 1. & 4. quartier de Bourbon au 2. & 3. d'Estouteuille qui est burelé d'argent & de gueules de 10. pieces au Lyon mort de sable accolé d'or brochant sur le tout.

Il deceda le 4. Octobre 1546.& est inhumé en l'Abbaye de Vaillemont.

4. **M**Arie de Bourbon Comtesse de S. Paul & Duchesse d'Estouteuille Dame de Trie & Hambie,fille vnicque de François de Bourbon premier du Nom Comte de S. Paul, & d'Adrienne d'Estouteuille heritiere de François de Bourbon 2.du Nom, Comte de S. Paul, son frere espousa 1. l'an 1557. par dispense Iean de Bourbon Comte d'Anguien, 6. fils de Charles de Bourbon Duc de Vendosme ,& de Françoise d'Alençon Duchesse de Beaumont.--------

Q q   Et ladite Comtesse

78

1. & 2. ET ladite Comtesse espousa en secondes nopces l'an mil cinq cens cinquante huict, François de Cleues 1. du Nom Duc de Neuers, Comte d'En, Dreux, Rhetel, de Beaufort & d'Auxerre, Souuerain des terres d'Outre-meuse, Marquis d'Isles, Baron de Donzy, Pair de France, Gouuerneur & Lieutenant general pour le Roy en Champaigne, Brie & Luxembourg, fils de Charles de Cleues Comte de Neuers, & de Marie d'Albret Dame d'Orual, Comtesse de Rhetel, fille & heritiere de Iean d'Albret Seigneur d'Orual, Comte de Rhetel Prince de Boisbelle & Baron de l'Esparre, & de Charlotte de Bourgongne Comtesse de Neuers, fille de Iean de Bourgongne Duc de Brabant Comte de Neuers, En & Rhetel, lors veuf de Marguerite de Bourbon fille de Charles de Bourbon Duc de Vendosme, & en 3. nopces l'an 1563. Leonor d'Orleans Duc de Longueuille, Pair de France Marquis de Rothelin, Comte de Dunois Neufchastel & Tancaruille, Connestable & Chambellan hereditaire de Normandie, Prince de Chastellaillon, fils vnicque de François d'Orleans Marquis de Rothelin, Comte de Montgommery, Vicomte de Melun, Seigneur de Beaugency, Blandy, de la Brosse, d'Abbeuille, de Crotoy & de Monstrueil (auquel Marquisat de Rothelin succeda François d'Orleans, fils naturel de François d'Orleans cy-dessus, qui a eu de Catherine du Val Henry d'Orleans Baron de Varengberc & Seigneur de Beuzeuille, de present Marquis de Rothelin, qui a espousé Catherine de Lomenie fille de Henry-Auguste de Lomenie Seigneur de la Ville aux Clers, Conseiller du Roy en ses Conseils d'Estat & priué, Secretaire de ses commandemens, Preuost & Maistre des Ceremonies de l'Ordre du S. Esprit) & de Iacqueline de Rohan fille aisnee de Charles de Rohan Seigneur de Gié & de Iacqueline de S. Seuerin, de laquelle derniere alliance sont descendus 2. fils, sçauoir, Henry d'Orleans Duc de Longueuille & d'Estouteuille, Pair de France & Cheualier des 2. Ordres du Roy, Gouuerneur de Picardie (qui espousa Catherine de Gonzague de Cleues, pere & mere de Henry d'Orleans despresent Duc de Longueuille) & François d'Orleans Comte de S. Paul & de Chasteau-thierry, Cheualier des 2. Ordres du Roy, Gouuerneur & Lieutenant general pour le Roy és pais d'Orleans, Beausse, Solongne, Blesois & Chartrain (qui a pour femme Anne Dame de Caumont, fille & heritiere de Geofroy Baron de Caumont & Marquis de Fronsac, veufue de Iean d'Escars Prince de Carency, pere & mere de Leonor d'Orleás Duc de Fronsac, Pair de France, mort au lict d'honneur au Siege de Montpellier) & 4. filles, sçauoir Françoise qui espousa Louys de Bourbon Prince de Condé, Catherine Dame de Trie & d'Estrepagny, Marguerite Dame de Brehal,

Q q ij

me de Brehal, Antoinette qui espousa Charles de Gondy Marquis de Belle-isle, fils aisné d'Albert
de Gondy, Duc de Rhetz, 1. Gentilhomme de la Chambre du Roy, Cheualier de ses Ordres
Pair, Mareschal & General des Galeres de France, du depuis Religieuse Fueillantine à Thoulouse:
& Eleonor Espouse de Charles Seigneur de Matignon & de Long ray, Comte de Thorigny
& de Moyon, Prince de Mortaigne, Baron de S. Lo & de Gasey, Conseiller d'Estat, Cheualier
des 2. Ordres du Roy, Capitaine de 100. hommes d'Armes de ses Ordonnances, Lieutenant
general pour sa Majesté au Gouuernement de Normandie, fils de Iacques Seigneur de Matignon
Cheualier des 2. Ordres, Mareschal de France, Gouuerneur de Bordeaux, & Lieutenant general
au Gouuernement de Guyenne de la descente de Guy de Goulon & de Matignon, Baron de
Thorigny, Conseiller d'Estat & Chambellan du Roy Louys 11. qui auoit merité par l'assiduité de
ses seruices la faueur du Roy Charles 8. fils de Bertraud de Goujō Seigneur de Matignon & Baron
de Thorigny, Cheualier & Gentilhomme de la Chambre du Roy, Gouuerneur du Bailiage de
Caën. Ceste Dame Duchesse portoit de l'alliance du Comte son 1. mary, vn Escu escartelé au 1. &
4. quartier de Bourbon qui est d'azur à 3. fleurs de Lys d'or & au baston de gueules pery en bande
au 2. & 3. d'Aleaçon qui est pareillement d'azur à 3. fleurs de Lys d'or à la bordure de gueules chargee de 8. bezans d'argent, & à cause du 2. elle portoit vn Escu escartelé au 1. quartier contr'escartelé, sçauoir au 1. canton de Cleues qui est de gueules à l'escarboucle fleurettee & pommettee
d'or de 8. rais ou aux sceptres Royaux pozes en orle, pal face & sautoir, l'Escu d'Helias enté en cœur
qui est d'argent à l'Esmeraude de sinople au 2. de la March qui est d'or à la face echiquetee d'argēt
& de gueules de 3. traicts au 3. d'Eu Artois qui est d'azur semé de fleurs de Lys d'or au lambeau de
gueules de 4. pieces chargé de 12. chasteaux d'or au 4. de Brabant qui est de sable au Lyon d'or armé & lampassé de gueules au 2. quartier contr'escartelé au 1. & 4. de Neuers-Bourgongne qui est
d'azur à 3. fleurs de Lys d'or à la bordure componnee d'argent & de gueules au 2. & 3. de Rhetel
qui est de gueules à 3. rasteaux dentez de 6. pieces d'or 2. & 1. sousienu & contr'escartelé de l'Escu
d'Albret Orual au 1. & 4. canton de France qui est d'azur à 3. fleurs de Lys d'or 2. & 1. au 2. &
3. d'Albret qui est de gueules à la bordure engreslee d'argent pour brizeure au 2. & 3. quartier de
l'Escu principal, de mesme qu'au 1 & 2. autres blasonnent autrement, disants au 1. de Flandres party de Neuers, tiercé de Rhetel sousienu d'Artois party de Bourgongne l'antien tiercé de Brabant,
& encore diuersement couppé de 8. pieces 4. en chef & 4. en pointe en la 1. de Flandres qui est d'or
au Lyon de sable, armé & lampassé de gueules en la 2. de Neuers, l'antien qui est du Comté de
Bourgongne, sçauoir d'azur au Lyon d'or, armé & lampassé de gueules, l'Escu semé de billettes
d'or en la 3. de Bourgongne l'antien en la 4. d'Eu-Artois en la 1. de la pointe de Rhetel en la 2. de
Lochier qui est de gueules à la face d'argent, semblable blason que celuy d'Austriche en la 3. de
Lembourg l'antien qui est burelé d'argent & d'azur de 10. pieces au Lyon de gueules, armé & lampassé d'or en la 4. de Brabant, & sur le tout de Cleues party de la March & tiercé d'Auxerre qui
est d'azur à 2. Leopards d'or, l'Escu semé de billettes de mesme & de l'alliance de son 3. & dernier
mary d'Orleans, Longueuille, qui est d'azur à 3. fleurs de Lys d'or 2. & 1. au lambeau d'argent
de 3. pieces & au baston de gueules pery en bande brochant sur le tout, les 3. Escus contrepartis
d'vn Escu escartelé au 1. & 4. quartier de Bourbon au 2. & 3. d'Estouteuille qui est burelé d'argent
& de gueules de 10. pieces au Lyon mort de sable accolé d'or brochant sur le tout.

Elle deceda à Ponthoise le 18. Auril l'an 1601. & est inhumee à Vallemont en Normandie, son premier
mary deceda le 10. Aoust 1557. le 2. le 13. Feurier 1561. & le 3. le 28. Aoust.
1573. à Blois & gist à Chasteaudun.

3. FRançois de Bourbon Duc de Montpensier & de Chastellerault, Pair de France, Souuerain
de Dombes, Prince de la Roche-suryon, Dauphin d'Auuergne, Comte de Mortaing,
Vicomte d'Auge & de Brosse, Baron de Beaujolois, Thiert, Escole, Montagu & Combraille,
Seigneur de Champigny & Argenton, Cheualier des 2. Ordres, Gouuerneur & Lieutenant gene-
ral pour le Roy Henry 4. en Dauphiné, & du depuis au Duché de Normandie, fils vnicque de
Louys de Bourbon aussi Duc de Montpensier, & de Iacqueline de Longuy espousa l'an 1566.
Renée d'Anjou fille vnicque & heritiere de Nicolas d'Anjou, Marquis de Mezieres, Comte de S.
Fergeau, Seigneur de Puysaye, de Turé & Seneché (fils de René d'Anjou Baron de Mezieres & de
S. Ouran, descendu de Louys d'Anjou Baron de Mezieres, & Seneschal du Mayne, fils naturel de
Charles d'Anjou 1. du Nom Comte du Maine & de Mortaing de la branche d'Anjou qui se com-

R r   mence

mence à Louys de France Duc d'Anjou, fils puisné du Roy Iean) & de Gabrielle de Marueil Dame du lieu de Villebois & de Seneché : Le Roy Henry 3. le fit Cheualier le dernier iour de l'année 1579. au 2. Chapitre tenu aux Augustins à Paris, & du depuis l'an 1588. l'honora du Gouuernement de Normandie : Il portoit l'Escu de Bourbon Mont-pensier qui est d'azur à 3. fleurs de Lys d'or, 2. & 1. & au baston de gueules pery en bande chargé vers le chef d'vn Croissant d'argent pour brizeure : La Duchesse sa femme portoit de mesme contreparty d'Anjou-Mezieres qui est d'azur semé de fleurs de Lys d'or à la bordure de gueules & au baston d'argent pery en bande brochant sur le tout, commençant au costé senestre de l'Escu.

Il expira à Ponthoise le 4. Iuin 1592.

4. FRançoise de Bourbon fille aisnee de Louys de Bourbon Duc de Montpensier, espousa l'an 1560. Henry-Robert de la March Duc de Boüillon, Prince souuerain de Sedan, Seigneur, de Iamets, Gouuerneur & Lieutenant general pour le Roy Charles 9. en Normandie, Mareschal de France, fils aisné de Robert de la March aussi Duc de Boüillon Comte de Braine, Seigneur de Florenges & de Raucourt, Cheualier Capitaine de la Garde des Suisses du Corps de sa Majesté, Mareschal de France, & de Françoise de Brezé sœur aisnee de Louyse de Brezé femme de Claude de Lorraine Duc d'Aumale : fille aisnee & principale heritiere de Louys Seigneur de Brezé, d'Anet & de Mosny, Comte de Mauleurier, Cheualier, premier Chambellan du Roy, Gouuerneur & grand Seneschal de Normandie, & de Diane de Poictiers Duchesse de Valentinois, & Côtesse de S. Valier, qui auoit pour frere puisné Charles de la March Côte de Mauleurier & de Braine, Marquis de Mosny, Vicomte de Huissay, Baron de Pontarcy, Seigneur de Rignac, Colonges, Bieuille & Villomet, Cheualier des 2. Ordres du Roy, Capitaine de 100. Suisses de la garde de sa Majesté, cy-deuant deuenu chef des plaines Armes de la March, duquel sont descendus Henry Comte de la March, Charles Comte de Breine Louys de la March, Marquis de Mosny, Conseiller d'Estat, Cheualier des 2. Ordres du Roy, premier Capitaine des Gardes du Corps de sa Majesté, premier Escuyer de la Royne, Gouuerneur des ville & Chasteau de Caén, & Alexandre Abbé de Breine : Elle portoit de l'alliance du Duc son mary, vn Escu escartelé au 1. & 4. quartier de la March qui est d'or à la face echiquetee d'argent & de gueules de 3. traicts, l'Escu brizé en chef d'vn Lyon naissant de gueules : Symbole de valeur qui sont au dire des Italiens, les Armes de la Marche d'Ancone au 2. & 3. de Brezé qui est d'azur à l'Escusson d'argent bordé de 2. filets, le 1. d'or, le 2. d'azur & à l'orle de 8. croix couppees d'or telles qu'elles se voyent en relief supportees de 2. Griffons d'or à l'entree de l'Hostel de la March à Paris, contreparty de Bourbon Montpensier qui est d'azur à 3. fleurs de Lys d'or & au baston de gueules pery en bande brizé d'vn croissant d'argent.

Elle mourut l'an 1587. & le Duc son mary l'an 1574.

81

1. **A**Nne de Bourbon 2. fille de Louys de Bourbon Duc de Montpenfier, efpoufa l'an 1 5 6 1. François de Cleues 2. du Nom Duc de Neuers, Pair de France, Gouuerneur & Lieutenant general en Champaigne & Brie, fils aifné de François de Cleues 1. du Nom Duc de Neuers, Comte d'Eu, Rhetel Dreux, Beaufort & Auxerre, & de Marguerite de Bourbon : Elle portoit l'Efcu de Neuers-Cleues accompaigné de diuers quartiers, fçauoir vn Efcu efcartelé au 1. quartier, contr'efcartelé au 1. canton de Cleues qui eft de gueules à l'efcarboucle fleurettee & pommetté d'or de 8. rais ou aux fceptres Royaux pofés en orle, pal, fautoir & face, l'Efcu d'Helias enté en cœur qui eft d'argent à l'Efmeraude de finople : les anciennes armes de Cleues eftoient d'argent à la tefte de Bœuf arrachee de gueules accornee de fable au mufile bouclé d'argent telles que les portoit la famille du Nom de Curtius à Rome, de laquelle eftoit defcendu Marcus Curtius qui fe precipita pour le falut de la Republicque fatisfaifant à la refponfe de l'Oracle : & le Senateur Curtius qui fe rendit eftimable par l'Acqueduc qu'il fift baftir, l'vn des defcendans duquel nommé Caïus Cluius forty d'Italie en armes, du temps de Iules Cefar defcendit au païs de Sicambrie (proche les Menapes du Rhin) qu'il nomma Cliuis ou Cleues, puis s'en eftât affujetty la domination, elle fut continuee en fa pofterité en ligne mafculine iufques au trefpas de Thierry Seigneur de Cleues, qu'Helias furnommé le Cheualier du Cygne, fon Gendre luy fucceda, & abolift l'an 711. l'antien Efcu de la Dame de Cleues fa femme pour eriger celuy de fa Maifon, auquel temps il receut l'inueftiture de la Seigneurie de Cleues en tiltre de Comté par la faueur de l'Empereur Iuftinian 2. Contemporain de Chilbert 2. du Nom Roy de France (& non de Thodofe comme il a efté dit cydeffus, remarqué conformément aux memoires de la Maifon de Cleues pour la côtrarieté des têps, veu que l'Empereur Theodofe 2. dit le Ieune qui eft fous entendu, tenoit l'Empire dés l'an 408.) au 2. canton de la March qui eft d'or à la face echiquetee d'argêt & de gueules de 3. traicts au 3. d'Eu-Artois qui eft d'azur femé de fleurs de Lys d'or & au lambeau de gueules de 4. pieces chargé de 12. chafteaux d'or au 4. de Brabant qui eft de fable au Lyon d'or, armé & lampaffé de gueules au 2. quartier contr'efcartelé au 1. & 4. canton de Neuers-Bourgongne qui eft d'azur à 3. fleurs de Lys d'or ou femé de fleurs de Lys d'or à la bordure componnee d'argent & de gueules au 2. & 3. de Rhetel qui eft de gueules à 3. rafteaux dentez de 6. pieces d'or 2. & 1. fouftenu de l'Efcu d'Albret-Orual, au 1. & 4. canton contr'efcartelé de France qui eft d'azur à 3. fleurs de Lys d'or, au 2. & 3. d'Albret qui eft de gueules brizé d'vne bordure engreflee d'argent au 3. & 4. quartier de l'Efcu

principal blasonné de mesme q^rau^r 1. & 2. cy-dessus contreparty de Bourbon-Montpensier qui est d'azur à 3. fleurs de Lys d'or, le baston de gueules pery en bande chargé vers le chef d'vn Croissant d'argent.

Elle mourut l'an 1567. & le Duc son mary trespassa de la blesseure qu'il receut en la bataille de Dreux l'an 1562.

2. IEanne de Bourbon Abbesse de Ioüarre, 3. fille de Louys de Bourbon Duc de Montpensier, fut voisíee l'an 1562. en l'Abbaye de S. Croix de Poictiers, auquel lieu elle fut 1. Abbesse; & en suitte Charlotte Flandrine de Nassau & de Chalon, fille de Guillaume de Nassau & de Chalon, Prince d'Orenge, & de Charlotte de Bourbon: du depuis elle a esté nommee Abbesse de Ioüarre, & porte de Bourbon-Montpensier.

3. CHarlotte de Bourbon 4. fille de Louys de Bourbon Duc de Montpensier, espousa l'an 1565. Guillaume de Nassau & de Chalon, Prince d'Orenge Comte de Nassau, Catzenelebogen, Diest & Viaden, Burgtraue d'Anuers, Vicomte de Besançon, Baron de Breda, Diest Grimberge, Arlay, Argueil Vuarneton & Nozeroy, Prince de l'Empire, heritier institué de René de Chalon & de Nassau, Prince d'Orenge (descendu de Henry Comte de Nassau, qui auoit espousé Claude de Chalon Comtesse de Tonnerre, Dame d'Arlay & d'Argueil fille de Iean de Chalon Prince d'Orenge) lors veuf de Marie d'Egmond, & d'Anne de Saxe fille de Maurice Duc de Saxe Eslecteur de l'Empire: Elle portoit vn Escu escartelé au 1. quartier de Nassau qui est d'azur au Lyon d'or, armé & lampassé de gueules, l'Escu semé de billettes d'or au 2. de Catzenelebogen qui est d'or au Lyon de gueules, armé & lampassé d'azur au 3. de Viaden qui est de gueules à la face d'argent au 4. de Brunsuic qui est de gueules à 2. Lyons leopardez d'or, armez & lampassez d'azur, & sur le tout vn Escu aussi escartelé au 1. & 4. quartier de Chalon qui est de gueules à la bande d'or au 2. & 3. d'Orenge qui est d'or au cor d'azur lié & virolé de gueules, & derechef sur le tout chargé de l'Escu de Geneue qui est vn quart d'Eschicquier tymbré de 5. poincts d'or equipollez à 4. d'azur, le tout contreparty de Bourbon-Mont-pensier qui est d'azur à 3. fleurs de Lys d'or, le baston de gueules brizé vers le chef d'vn croissant d'argent: Autres blasonnent autrement les Armes d'Orenge-Nassau, disants vn Escu escartelé au 1. & 4. quartier contr'escartelé au 1. canton de Nassau au 2. de Catzenelebogen au 3. de Viaden au 4. de Brunsuic, sur le tout de rechef de Viaden, au 2. & 3. quartier contr'escartelé au 1. & 4. canton de Chalon au 2. & 3. d'Orenge, & sur le tout de ces quartiers de Geneue telles que les portoit Maurice Prince d'Orenge, & de surplus sur le tout de Saxe des Armes de sa mere: Guillaume prince d'Orenge cy-dessus portoit de Brunsuic de la descente de sa mere, & pour les alliances souuent reiterees entre les Maisons de Saxe-Brunsuic & Nassau, encore de present alliees en la personne d'Ernest de Nassau & d'Anne de Brunsuic: & de Geneue, pour l'alliance de Louyse de Sauoye ou de Geneue mariee en la Maison de Nassau-Chalon; le port des quartiers qui restent est appuyé sur les qualités cy-deuant deduites. Mais ce qui est digne de remarque en ce lieu ce sont les quartiers de Nassau Catzenelebogen, Viaden & Chalon, qui sont semblables aux Armes des Comtes Palatins de Bourgongne Comtes de Hollande, Archiducs d'Austriche & Comtes de Bossut, & sont neantmoins diuerses: *Quia simile non est idem*, pourueu qu'on ne puisse prouuer que l'vn ait vsurpé sur l'autre; car il peut arriuer ce qui ne paroist pourtant en ce lieu, que diuerses Seigneuries procedent d'vne mesme Maison ou que 2. branches portent pareil blason, & auec diuerses raisons comme font les Comtes de Baden & de Lignes, & les Seigneurs de Humieres & de Vilain-Chiernes: Les Comtes de Ponthievre, & Seigneurs de l'Hermite, desquels estoit descendu Tristan l'Hermite grand Preuost de l'Hostel du Roy Louys 11.

Elle mourut à Anuers le 6. May 1582. & le Prince son mary fut tué à Delfi en Hollande le 10. Iuin l'an 1584.

4. LOuyse de Bourbon Abbesse de Faremonstier 5. fille de François de Bourbon Duc de Montpensier fut voisíee en l'Abbaye de Ioüarre l'an 1564. & du depuis fut nommee Abbesse de S. Fare de Meaux: Elle portoit de Bourbon-Montpensier, Louyse de la Chastre fille de Claude de la Chastre Baron de la Maison-fort, Cheualier des 2. Ordres du Roy, Lieutenant general pour le Roy au Gouuernement de Berry, Mareschal de France, & sœur de Louys de la Chastre, aussi Cheualier des 2. Ordres & Mareschal de France, & de Marie de la Chastre femme de Guillaume de l'Aubespine Baron de Chasteau neuf, Seigneur de Preaux, de Beauuais & de Rossoy, Conseiller d'Estat, Commandeur & Chancelier des Ordres du Roy, est maintenant Abbesse de ceste Abbaye.　　　　*Elle deceda à Paris en Feurier 1586.*

　　　　1. Henry

83

1. **H**Enry de Bourbon Marquis de Beaupreau, fils vnicque de Charles de Bourbon Prince de la Roche-furyon, & de Philippes de Montefpedon Marquis de Beaupreau, portoit vn Efcu efcartelé au 1. & 4. quartier de Bourbon-Montpenfier qui eft d'azur à 3. fleurs de Lys d'or & au bafton de gueules brizé d'vn Croiffant d'argent au 2. & 3. de Bourbon fans brizeure.

Il deceda à Orleans au mois de Decembre l'an 1560.

2. **I**Eanne de Bourbon fille vnicque de Charles de Bourbon, Prince de la Roche furyon, portoit de Bourbon-Mont-penfier efcartelé de Bourbon.

Elle mourut l'an 1558.

3. **H**Enry de Bourbon & de Nauarre, Prince de Viane, Duc de Beaumont, Pair de France, fils aifné du Roy Antoine & de la Royne Ieanne de Nauarre, portoit vn Efcu couppé de 8. pieces, 4. en chef & 4. en pointe en la 1. du chef de Nauarre qui eft de gueules à l'efcarboucle pommertee d'or, ou aux doubles chaifnes d'or pofees en orle, pal, face & fautoir en la 2. de Bourbon qui eft d'azur à 3. fleurs de Lys d'or & au bafton de gueules pery en bande en la 3. d'Albret qui eft efcartelé au 1. & 4. de France qui eft d'azur à 3. fleurs de Lys d'or au 2. & 3. de gueules en la 4. d'Arragon qui eft d'or au pal de 4. pieces de gueules en la 1. de la pointe efcartelé au 1. & 4. de Foix qui eft d'or au pal de 3. pieces de gueules au 2. & 3. de Bearn qui eft d'or à 2. Vaches paffantes de gueules, accornees, accollees & clarinees d'azur en la 2. d'Armaignac qui eft efcartelé au 1. & 4. d'or au Lyon de gueules, armé & lampaffé d'argent au 2. & 3. de Guyenne qui eft de gueules au Leopard Lyonné d'or, armé & lampaffé d'azur en la 3. d'Eureux qui eft d'azur femé de fleurs de Lys d'or & au bafton componné d'argent & de gueules en la 4. d'Arragon-Sicille, qui eft comme cy-deffus, flancqué en outre d'argent à 2. Aigles de fable, & fur le tout de Bearn ou de Bigorre felon les autres qui eft d'or à 2. Lyons leopardez de gueules, armez & lampaffez d'azur.

Il deceda à la Fleche le 30. d'Aouft l'an 1553. & eft inhumé à Vendofme.

Tt   1. HENRY

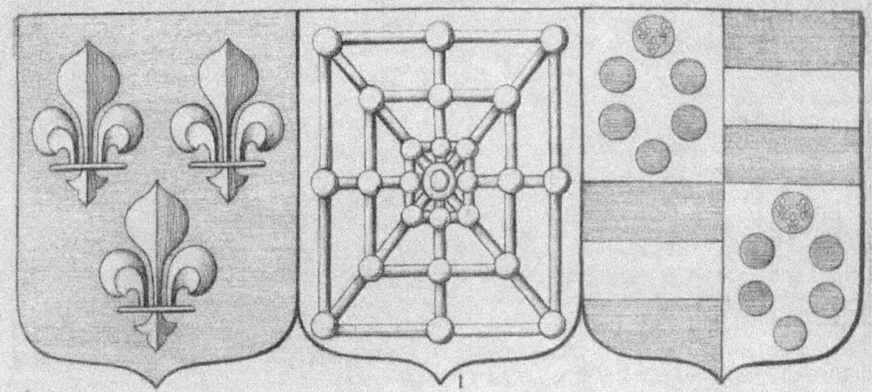

84

1. **HENRY IV. DV NOM, ROY DE FRANCE ET DE NAVARRE,** SVRNOMMÉ LE GRAND, fils du Roy Antoine & de Ieanne Royne de Nauarre, successeur de Henry 3. du Nom Roy de France & de Poloigne, prist naissance à Pau en Bearn le 13. Decembre l'an 1553. fut couronné & sacré à Chartres le 27. Feurier l'an 1594. & y receut l'Ordre du S. Esprit : Il auoit espousé auant son aduenement à la Couronne de France, Marguerite de France Duchesse de Valois 3. fille du Roy Henry 2. & de la Royne Catherine de Medicis Comtesse d'Auuergne & de Lauraguais : Mais en consequence du vice apparent de consanguinité au 3. degré, & pour le defaut de consentement fut procedé à la nullité de cette Alliance par le Pape Clement 8. du consentement des parties, à la requeste & instante poursuite des 3. Estats de ce Royaume, comme autresfois Louys 7. dict le Ieune, auoit esté separé d'Eleonor Duchesse de Guyenne pour cause de parenté au 4. degré : Charles 4. de Blanche fille d'Othelin Comte de Bourgongne, pour mesme pretexte : Et Louys 12. de Ieanne de France, fille du Roy Louys 11. pour deffaut de consentement : Le Roy Clotaire de Radegonde : Aribert d'Ingoberge, Dagobert de Canetrude, Louys le Begue d'Ausgarde, Charlemaigne de Theodore & Ildegarde, fille & sœur de Didier Roy de Lombardie, pour cause de sterilité. Sa Majesté rechercha donc la benediction d'vn heureux Hymenee, lequel fut accomply par paroles de present le 17. Decembre l'an 1600. (premiere annee du siecle fertile pour le bon-heur de la France,) auec Marie de Medicis Princesse de Florence fille de François de Medicis grand Duc de Toscane (descendu de Cosme de Medicis, qui receut l'an 1569. le tiltre de Grand Duc, & l'inuestiture de Sienne du Pape Pie 5. & d'Eleonor de Tolede, fille de Pierre Seigneur de Tolede, Marquis de Ville-franche & Viceroy de Naples) & de la Duchesse Ieanne d'Austriche fille de l'Empereur Ferdinand 1. du Nom, & de Ieanne Royne de Hongrie & de Boheme, niepce de Ferdinand, Grand Duc de Toscane, pere de Cosme 2. son successeur. La loy de l'Estat l'ayant appellé à la succession de la Couronne de France, par la mort violente du Roy Henry 3. aduenuë le 1. iour d'Aoust l'an 1589. Il quitta les Armes de Nauarre-Bourbon, & prist en 2. Escus les Armoiries de France & de Nauarre qui sont d'azur à 3. fleurs de Lys d'or 2. en chef & 1. en pointe & de gueules à l'escarboucle pommetee d'or ou selon les autres aux doubles chaisnes d'or posees en orle, pal, sautoir & face, les 2. Escus couuerts d'vne couronne close en forme de demy Sphere exaucee de fleurs de Lys le tout d'or, & greslee de perles & entournez des Colliers des 2. Ordres : premierement de celuy de S. Michel qui est d'or à coquilles doubles lassées à lacqs de soye noire à fers d'or, sur chaisnettes ou cordelieres, où pend vne medaille d'or en ouale, esmaillée d'vne terrasse sur laquelle est l'Image de S. Michel, triomphant du Dragon infernal ; & de celuy de la Milice du S. Esprit qui est aussi d'or composé de fleurs de Lys d'où, naissent des flammes & bouillons de feu entrelassés de chiffres H. A. L. & de heaumes, boucliers, tymbres & trophees d'armes soustenant vne croix de Malthe chargee d'vne Colōbe en esmail blanc, symbole du S. Esprit : pour Cimier vne double fleur de Lys d'or à plein relief, le heaume d'or ouuert d'vnze barreaux pour exceder tout nōbre, couronné en signe de Majesté, & affronté pour marque de plenitude de puissance, vmbragé de pennaches ou lambrequins d'or & d'azur

T t ij   symbole

symbole de Renommée volante, & accompaigné de banderolles, vraye marque de l'estenduë de la France, pour tenans ou supports 2. Anges, Herauts de Dieu, protecteurs de ceste Monarchie; l'vn reuestu de coste d'Armes de France, l'autre de Nauarre, le Pauillon semé de fleurs de Lys doublé d'hermines surmonté de la banniere de France, qui est pareillement semée de fleurs de Lys esleué au dessus des Armes sur vn gazon herbu & verdoyant, le tout pour representer le tabernacle des 2. Eglises, Triomphante & Militante, dont leurs Maiestez tres-Chrestiennes se protestent fils aisnez : Il portoit pour Deuise vne espée au milieu de 2. sceptres animée de ces mots, *Duc protegit vnus*. La serenissime Royne Marie de Medicis, de present mere de sa Majesté, porte de France & de Nauarre contreparty de ses Armoiries qui sont escartelees au 1. & 4. quartier de Medicis, qui est vn Escu d'or à 6. tourteaux, 1. 2. 2. & 1. dont il y en a 5. de gueules, celuy du chef d'azur chargé de 3. fleurs de Lys d'or 2. & 1. qui est l'Escu de France que le Roy Louys 11. permist porter à Pierre de Medicis 2. du Nom en May 1465. autres sont d'aduis que ce fut Louys 12. pour recognoistre l'assistance qu'auoit prestee Pierre de Medicis au Roy Charles 8. son predecesseur, en la conqueste du Royaume de Naples : Il estoit expedient que la Maison de Medicis portast des Lys, puisque Florence ville capitale de son extraction, porte pour fleur singuliere en champ d'argent, le Lys fleurissant de gueules, auec ceste deuise tirée de Salomon, *Florete flores sicut Lilium*, cét Escu d'or estoit premierement à 5. tourteaux de gueules donné par l'Empereur & Roy Charlemaigne à Euerard de Medicis Cheualier, son premier Chambellan, pour conseruer la memoire de la deffaite du Geant Mugel, qu'il supplanta & deffit en duel malgré la pesanteur de la massuë dont il estoit armé, laquelle pretendant descharger dessus luy, il se couurit de son pauois en champ d'or, lequel receut l'impression des 5. nœuds qui y estoient pendants, ensanglantez pour les meurtres qu'il auoit nouuellement commis, Ce qui donna occasion à Euerard de rechercher tel blason Panuinus se retirant de l'opinion commune se porte sur autre conception, disant que ce sont ballons par lesquels ceux de ceste Maison qui premiers les choisirent, vouloient donner à entendre les diuers reuers de fortune qu'ils ont ressentis durant les mouuemens populaires de la Republique de Florence, Ils ont porté ces tourteaux que hors blason ils appellent ballons, quelquefois sans nombre comme les Seigneurs de Medicis de Prouence, quelquefois aussi au nombre de 9. 8. 7. iusques à les reduire à 1 comme firent les Seigneurs de ceste mesme Maison demeurants à Milan, predecesseurs de Catherine de Medicis femme de Louys Seigneur de Marillac, Conseiller d'Estat, Gentilhomme ordinaire de la Chambre du Roy, & Gouuerneur de Verdun : au 2. & 3. quartier elle porte d'Austriche des Armes de la Duchesse sa mere qui sont de gueules à la face d'argent, lequel blason a esté premierement attribué à Rodolphe Comte de Haspurg, Lantgraue, d'Allace, Seigneur de Strasbourg du depuis esleu Empereur l'an 1273. qui prist telles Armes pour symbole qu'il estoit triomphant du sang de ses ennemys par vn sort fauorable : Les antiens Marquis d'Austriche, & encore quelques Ducs ont porté d'azur à 5. Alloüettes d'or posees en sautoir, & suyuant vne autre opinion à 6. Alloüettes d'or, 3. en chef, 2. en face, & 1. en pointe telles que les portoit Leopolde 2. du Nom, Duc d'Austriche, l'an 1193. lors qu'il accompagna Philippes Auguste Roy de France, & Richard Roy d'Angleterre, en l'entreprise des Princes Chrestiens de l'Europe contre Saladin Prince de Ptolemaïde, & retenuës iusques en ce siecle par l'Archiduc Albert d'Austriche, à la pointe de son Escu tymbré de diuerses Seigneuries : Ces Armes sont garnies d'vn cordon d'argent, noüé en 4. lieux, & enlassé de 4. lacqs d'amour courants : Ce qui fut inuenté par la Royne Anne Duchesse de Bretaigne lors de sa viduité, en suitte de la mort du Roy Charles 8. au lieu des Palmes Lauriers & Myrthes, dont beaucoup ont de coustume d'entourner leurs Escus. Elle fut couronnee à S. Denys, le Ieudy 13. May 1610. & le Vendredy 14. la solemnité & magnificence de ce Couronnement, se veid conuertie en lictres funebres par le detestable parricide, proditoirement commis en la personne du Roy son Espoux, de tres-glorieuse & excellente memoire.

Sa Majesté expira à Paris aagé de 57. ans apres auoir reigné en France 20. ans 10. Moys & 18. iours, & en Nauarre 37. ans 11. moys & 5. iours, les Peres de la Compagnie de Iesus ont le depost de son cœur à la Fleche en Anjou lieu de sa conception, & son corps qui fut transporté en pompe funebre le 29. Iuillet de la mesme année 1610. dudit lieu de Paris en l'Abbaye de S. Denys en France, repose dans le cœur d'Icelle Abbaye où il attend l'henneur du sepulcbre qui est deub à sa memoire, & à l'immortalité de ses umbres.

 1. Louys-Charles

86

1. **L**Ouys Charles de Bourbon Comte de Marle & Prince de Nauarre, 3. fils du Roy Antoine
& de la Royne Ieanne de Nauarre, portoit vn Efcu efcartelé au 1. quartier de Nauarre qui
eſt de gueules à l'eſcarboucle pommettee d'or au 2. & 3. de Bourbon qui eſt d'azur à 3. fleurs de
Lys d'or & au baſton de gueules, au 4. & dernier de Bearn qui eſt d'or à 2. Vaches paſſantes de
gueules, accollees, clarinees & accornees d'azur.

Il deceda l'an 1555. auant l'aduenement du Roy Henry le Grand à la Couronne de France.

2. **M**Agdaleine de Bourbon & de Nauarre fille aiſnee du Roy Antoine & de la Royne Ieanne
de Nauarre portoit vn Eſcu couppé de 8. pieces 4. en chef & 4. en pointe en la 1. du chef
de Nauarre qui eſt de gueules à l'eſcarboucle pommettee d'or ou aux doubles chaiſnes d'or paſſtes
en ſautoir, orle, pal & face en la 2. de Bourbon qui eſt d'azur à 3. fleurs de Lys d'or & au baſton de
gueules en la 3. eſcartelé au 1. & 4. canton d'azur à 3. fleurs de Lys d'or qui eſt de France au 2. & 3.
de gueules qui eſt d'Albret au 4. d'or au pal de 4. pieces de gueules qui eſt d'Arragon en la 1. de la
pointe eſcartelé au 1. & 4. d'or au pal de 3. pieces de gueules qui eſt de Foix au 2. & 3. d'or à 2. Vaches paſſantes de gueules, accornees, accollees & clarinees d'azur qui eſt de Bearn en la 2. eſcartelé
au 1. & 4. canton d'or au Lyon de gueules, armé & lampaſſé d'argent qui eſt d'Armaignac au 2.
& 3. de gueules au Leopard Lyonné d'or, armé & lampaſſé d'azur qui eſt de Guyenne en la 3. d'a-
zur ſemé de fleurs de Lys d'or au baſton componné d'argent & de gueules pery en bande qui eſt
d'Eureux en la 4. d'or au pal de 4. pieces de gueules flancqué d'argent à 2. Aigles de ſable qui eſt
d'Arragon-Sicile, & ſur le tout de Bearn cy-deſſus.

Elle mourut l'an 1556.

3. **C**Atherine de Bourbon Princeſſe de Nauarre, Ducheſſe d'Albret, Comteſſe d'Armaignac
& de Rhodais, Vicomteſſe de Limoges, 2. fille du Roy Antoine & de la Royne Ieanne
de Nauarre, eſpouſa en Ianuier l'an 1599 Henry de Lorraine Duc de Bar, & Marquis du Pont-
amouſſon, du depuis Duc de Lorraine, fils aiſné de Charles 3. du Nom, Duc de Lorraine, & de
Claude de France fille du Roy Henry 2. & de la Royne Catherine de Medicis deſcendu de Fran-
V v ij çois Duc

çois Duc de Lorraine, fils du Duc Antoine & de Renee de Bourbon, qui deuenant veuf espoulà Marguerite de Gonzague fille de Vincent de Gonzague Duc de Mantoüe, Marquis de Montferrat & Prince du S. Empire, & d'Eleonor de Medicis Princesse de Toscane, sœur de la Royne Marie de Medicis, desquels est issuë Nicolle fille vnicque femme de Charles 4. fils aisné de François de Lorraine Comte de Vaudemont son cousin, de present Duc de Lorraine: Elle portoit de l'alliance du Duc son mary vn Escu couppé de 8 pieces, 4. en chef & 4 en pointe en la 1. burelé d'argêt & de gueules de 8. pieces qui est de Hongrie en la 2. d'azur semé de fleurs de Lys d'or & au lambeau de gueules de 3. pieces en chef qui est d'Anjou-Naples, en la 3. d'argent à la Croix potencee d'or, cantonnee de 4. croix couppees de mesme metail qui est de Hierusalem, en la 4. d'or au pal de 4. pieces de gueules qui est d'Arragon en la 1. de la pointe d'azur semé de fleurs de Lys d'or à la bordure de gueules qui est d'Anjou en la 2. d'azur au Lyon côtourné d'or, courôné, armé & lampassé de gueules qui est de Gueldres party en la 3. d'or au Lyon de sable, armé & lampassé de gueules qui est de Flandres en la 4. d'azur à 2. Bars addossez d'or, denrez & allumez d'argent, l'Escu semé de croix recroisees au pied fiché d'or qui est de Bar, & sur le tout d'or à la bâde de gueules, chargee de 3. Allerions d'argent qui est de Lorraine contreparty d'vn Escu aussi couppé de 8. pieces 4. en chef & 4. en pointe, en la 1. du chef de gueules à l'escarboucle pommetee d'or qui est de Nauarre en la 2. d'azur à 3. fleurs de Lys d'or 2. & 1. & au baston de gueules pery en cottice sans toucher sur les bords qui est de Bourbon en la 3. vn Escu escartelé au 1. & 4. d'azur à 3. fleurs de Lys d'or 2. & 1. qui est de France au 2. & 3 de gueules qui est d'Albret en la 4. d'Arragon, cy-dessus, en la 1. de la pointe escartelé au 1. & 4. canton d'or, au pal de 3 pieces de gueules qui est de Foix au 2. & 3. d'or à 2. Vaches passantes de gueules, accornees, accollees & clarinees d'azur qui est de Bearn, en la 2. pareillement escartelé au 1. & 4. d'or au Lyon de gueules, armé & lampassé d'argent qui est d'Armaignac, au 1. & 3. de gueules au Leopard Lyonné d'or, armé & lampassé d'azur qui est de Guyenne en la 3. d'azur semé de fleurs de Lys d'or & au baston componne d'argent & de gueules pery en bande qui est d'Eureux en la 4. & derriere d'or au pal de 4. pieces de gueules, flancqué d'argent à 2. Aigles de sable qui est d'Arragon-Sicile & sur le tout de Bearn, cy deuant blasonné.

Elle mourut l'an 1604.

4. CHarles de Bourbon Abbé de Marmoustier, fils naturel d'Antoine Roy de Nauarre & Duc de Vendosme, fut premierement Euesque de Lectoure en Armaignac, & l'an 1594. fut creé Archeuesque de Roüen & Primat de Normandie apres le decez de Charles Cardinal de Bourbon 3. du Nom: du depuis il permutta cét Archeuesché à l'Abbaye de Marmoustier & autres benefices, auec François Duc & Cardinal de Ioyeuse, auquel a succedé François de Harlay Conseiller d'Estat, Abbé de S. Victor, de la Noble Maison de Harlay originaire du Comté de Bourgogne (branche de Chanualon) descenduë de Philippes Seigneur de Harlay qui estoit l'an 1062. Chambellan de Robert de France, premier Duc de Bourgongne, & descendu du costé maternel de celle de la March Ducs de Büillon, en laquelle est fonduë l'ainesse de la succession de Brezé Comtes de Mauleurier, grands Seneschaulx hereditaires de Normandie: Il portoit pour Armoiries de Bourbon qui est d'azur à 3. fleurs de Lys d'or 2. & 1. & au baston de gueules pery en contre cottice,

Il decede à Marmoustier en Touraine l'an 1610.

88

1. & 2.   **H**Enry de Bourbon 1. du Nom, Prince de Condé Duc d'Anguien, Pair de France, Comte d'Anify & de Valery, Gouuerneur & Lieutenant general pour le Roy Henry 3. en Picardie, Calais, Artois, Boulonnois, Guiues & autres païs reconquis, fils aifné de Louys de Bourbon Prince de Condé, & d'Eleonor de Roye efpoufa en Iuillet l'an 1572 Marie de Cleues Marquife d'Ifles & Comteffe de Beaufort 3. fille de François de Cleues 1. du Nom Duc de Neuers, Pair de France, & de Marguerite de Bourbon heritiere en fa partie de fes freres, fçauoir, de François de Cleues 2. du Nom, Duc de Neuers qui auoit efpoufé Anne de Bourbon, & de Iacques de Cleues Marquis d'Ifles, du depuis Duc de Neuers, qui auoit efpoufé Diane de la March 2. fille de Robert de la March 4. du Nom, Duc de Boüillon, Marefchal de France, du depuis femme de Henry Comte de Clermont, Vicomte de Tallart, premier Baron de Dauphiné, pere & mere de Henry de Clermont Comte de Tonnerre, qui a efpoufé Catherine-Marie d'Efcoubleau de la Maifon de Sourdis, & en 3. nopces de Henry de la Bourdaifiere Comte de Sagonne : Henry Prince de Condé, cy-deffus efpoufa en 2. lieu, le 16. iour de Mars l'an 1586. Charlotte-Catherine de la Trimoüille Dame de Craon, Rochefort & Bommiers, fille vnicque de Louys Seigneur de la Trimoüille, Duc de Thoüars, Pair de France, & fœur de Claude auffi Seigneur de la Trimoüille, Comte de Laual, qui a laiffé 2. fils, Henry de la Trimoüille, & Frideric de la Trimoüille dict Guy Comte de Laual, de Charlotte Brabantine de Naffau & de Chalon, fille de Guillaume de Naffau & de Chalon, Prince d'Orenge, & de Charlotte de Bourbon : Il portoit pour Armoiries vn Efcu efcartelé au 1. & 4. quartier de Bourbon qui eft d'azur à 3. fleurs de Lys d'or, & au bafton de gueules au 2. & 3. d'Alençon qui eft d'azur à 3. fleurs de Lys d'or à la bordure de gueules chargee de 8. befans d'argent, la Princeffe fa 1. femme portoit de mefme contreparty d'vn Efcu efcartelé au 1. quartier contr'efcartelé au 1. canton de Cleues, qui eft de gueules à l'efcarboucle pommettee & fleurettee d'or de 8. rais, ou aux fceptres Royaux pofez en pal, face, orle & fautoir, l'Efcu d'Helias enté en abyfme qui eft d'argent à l'efmeraude de finople au 2. de la March qui eft d'or à la face echiquetee d'argent & de gueules de 3. traicts au 3. d'azur femé de fleurs de Lys d'or & au lambeau de gueules chargé de 12. chafteaux d'or, qui eft d'Artois au 4. de fable au Lyon d'or, armé & lampaffé de gueules qui eft de Brabant, au 1. quartier derechef contr'efcartelé au 1. & 4. canton de Neuers-Bourgongne qui eft d'azur à 3. fleurs de Lys d'or, ou femé felon les autres à la bordure componnee d'argent & de gueules au 2. & 3. de Rhetelois qui eft de gueules à 3. rafteaux enden-

X x ij tez de 6. pieces

tez de 6. pieces d'or 2. & 1. soustenu & contr'escartelé d'Albret-Orual qui est de France au 2.
& 3. escart, sçauoir d'azur à 3. fleurs de Lys d'or, 2. & 1. au 2. & 3. d'Albret, qui est de gueules à la
bordure engreslee d'argent au 3. & 4. quartier, blasonne comme au 1. & 2. Madame la Princesse sa
Doüairiere, porte de Bourbon contr'escartelé d'vn Escu couppé de 8. pieces, 4. en chef & 4. en
pointe, en la 1. du chef d'or au Cheuron de gueules, accompaigné de 3. Aigles d'azur, becquez &
membrez de gueules qui est de la Trimoüille en la 2. de Thoüars qui est d'or semé de fleurs de Lys
d'azur au franc quartier de gueules, autres blasonnent d'azur semé de fleurs de Lys d'or au franc
quartier cy-dessus, lesquelles Armes furent prises par Aenoüil premier Vicomte de Thoüars, en
mespris des Comtes de Paris & d'Anjou, predecesseurs de Huë Capet en la 3. de Laual qui est
d'or à la croix de gueules chargee de 5. cocquilles d'argent & cantonnë de 6. allerions d'azur, les
anciennes Armes de Laual estoient de gueules au Leopard d'or armé & lampassé d'azur telles que
les portoit Emme de Laual fille & heritiere de Guy 6. du Nom, Seigneur de Laual, & de Hauoise
de Craon fille de Maurice Seigneur de Craon, descendu en ligne masculine de Berenger 2. Roy
d'Italie& femme de Matthieu Seigneur de Montmorency, Connestable de France vefue Doüairiere de Robert Comte d'Alençon & de Sées, lequel blason fut donné par Guillaume le Conquerant Duc de Normandie & Roy d'Angleterre, à Guy Seigneur de Laual, espousant Denyse de
Mortaing, fille de Robert Comte de Mortaing, & niepce dudict Roy, & Duc Guillaume, & du
depuis le Leopard de cét Escu fut changé en 5. cocquilles d'argent 3. & 2. à quoy quelques-vns
contredisent, asseurants les 5. cocquilles cy-dessus auoir esté premierement prises par Guy de
Montmorency & de Laual, fils puisné de Mathieu de Montmorency, & d'Emme heritiere de
Laual, frere puisné de Bouchard 6. du Nom, Seigneur de Montmorency, fils aisné dudit Ma-
thieu & de Gertrude de Neesle sa premiere femme, pour seruir de brizeure aux Armes plaines de
Montmorency, lors transportees en la Maison de Laual, desquelles Armes de Montmorency-
Laual, est de present chef Hilaire de Laual Marquis de Treues, Baron de Lezay & Seigneur de
Prehabert;en la 4. piece d'azur à 3. fleurs de Lys d'or au lambeau d'argët de 3. pieces en chef qui est
d'Orleans en la 1. de la pointe d'argent à la Guiure d'azur & à l'Issant de gueules qui est de Milan
en la 2. pallé d'or & de gueules de 6. pieces qui est d'Amboise en la 3. facé d'or & de sable de 6. pieces qui est de Coitiuy en la 4. lozengé d'or & de gueules sans nombre qui est de Craon; Quelques-
vns adjoustent celles de France, Bourbon, & Bourbon-védosme Arragon, & Arragô-Sicile de Mot-
morency, de Sully & de Beaumont-le Vicomte, l'vn& l'autre d'azur au Lyon d'or semé de France,
Escu donné à Guillaume Vicomte de Beaumont, par Charles de France Comte d'Anjou en faueur
de l'assistance qu'il luy auoit prestee en la conqueste de Sicile & de la Poüille, Philippes de la Trimoüille, Marquis de Royan, fils aisné de Gilbert de la Trimoüille Marquis de Royan, Comte de
Benon & d'Ollonne, Baron d'Elbonne & d'Aspremont, Capitaine de 100. Gentils hommes de la
Maison du Roy, Cheualier des 2. Ordres & Seneschal de Poictou, porte couppé de 8. pieces, 4.
en chef soustenus de pareil nombre en pointe en la 1. d'Orleans, en la 2. de Milan, en la 3. de
Bourbon, en la 4. d'hermines à la bordure de gueules qui est de Bretaigne-Estampes, en la 1. de la
pointe de gueules à la croix plaine d'argent qui est d'Aspremont; pareil blason que celuy de Sauoye en la 2. burelé d'argent & d'azur au Lyon de gueules, armé & lampassé d'or qui est de Lusignan en la 3. de Coitiuy, en la 4. de Mont-morency-Laual, & sur le tout de la Trimoüille : Elle
porte de la Trimoüille & de Thoüars;comme descenduë de ceste Maison, de Laual, de l'alliance de
son ayeul François Seigneur de la Trimoüille auec Anne de Laual, d'Orleans, de Milan & de
Coitiuy, de l'alliance de Ieanne d'Orleans, fille de Iean d'Orleans Comte d'Angoulesme (descendu de Louys de France Duc d'Orleans, & Comte de Valois & de Valentine de Milan) qui
espousa Charles de Coitiuy Comte de Taillebourg, desquels sortit Louyse de Coitiuy fille vnicque, femme de Charles de la Trimoüille Prince de Talmond, d'Amboise, d'autant que Marguerite d'Amboise fille & heritiere de Louys d'Amboise Vicomte de Thoüars, espousa Louys Seigneur de la Trimoüille, de Craon comme Dame du lieu : Si on y adiouste celles de France, c'est
en consideation des seruices rendus à ceste Couronne par les Seigneurs de la Trimoüille, lors des,
guerres d'Italie : -d'Arragon, de l'alliance de Guy 16. Comte de Laual, de Montfort & Quintin
Baron d'Acquigny, Seigneur de Vitré, de la Roche-bernard & de Gaure, Admiral & Lieutenant
general pour le Roy François 1. en Bretaigne, & de Charlotte d'Arragon fille de Frideric d'Arragon Roy de Naples, pere & mere d'Anne de Laual, cy-dessus : Celles de Bourbon, de l'alliance de
Gabrielle de Bourbon auec Louys 1. du Nom, Seigneur de la Trimoüille : celles de Montmorency d'autant que Louys de la Trimoüille 1. Duc de Thoüars, espousa Ieanne de Mõtmorency 2. fille

Y y

d'Anne

d'Anne Duc de Montmorency, Connestable de Frāce, & de Magdaleine de Sauoye, de Sicile & de Beaumont, pource que Guy 7. Seigneur de Laual & de Vitré, qui espousa Isabeau de Beaumont, assista Charles de Frāce Comte d'Anjou & du Mayne, du depuis Roy de Sicille, fils du Roy Louys 8. en la cōqueste du Royaume de Sicille, de Bretaigne-Estampes, & encore d'Orleans & Millan, de l'alliance de Margnerite d'Orleans, fille puisnee de Louys de France Duc d'Orleans & de Valētine de Milan auec Richard de Bretaigne Comte d'Estampes, & de Vertus Seigneur de Clisson : & de Beatrix de Bretaigne fille d'Artus 2. du Nom Duc de Bretaigne, auec Guy 10. du Nom Baron de Laual, & de Vitré. de Bourbon-vendosme, de l'alliance d'Alix de Bretaigne fille d'Artus 2. du Nom Duc de Bretaigne, auec Bouchard 2. du Nom Comte de Vendosme & de Castres, desquels sortit Iean 2. du Nom, pere de Bouchard 3. qui de Catherine de Bourbon sa femme, laissa vne fille, sçauoir Ieanne Comtesse de Vendosme & de Castres, de laquelle herita Catherine de Vendosme fille de Iean 2. & femme de Iacques de Bourbon Comte de la Marche, d'Aspremont, parce que ceste Seigneurie est fonduë en la Maison de la Trimoüille Royan, de Sully, d'autant que Louys Seigneur de la Trimoüille, estoit Baron de Sully, & de Lusignan, pour l'antienne alliance de ceste Maison auec celle de Chypre-Lusignan.

Il mourut à S. Iean d'Angely le 5. Mars 1588. de la blesseure qu'il receut en la bataille de Coutras auant que le Roy Henry le Grand succedast à la Couronne de France.

3. CHarles de Bourbon Comte de Valery 2. fils de Louys de Bourbon Prince de Condé, & d'Eleonor de Roye portoit vn Escu escartelé au 1. & 4. quartier de Bourbon qui est d'azur à 3. fleurs de Lys d'or & au baston de gueules pery en bande au 2. & 3. d'Alençon qui est pareillement d'azur à 3. fleurs de Lys d'or à la bordure de gueules chargee de 8. bezans d'argent, & sur le tout de Roye qui est de gueules à la bande d'or pour brizeure.

Il deceda l'an 1558.

4. FRançois de Bourbon Prince de Conty, & Souuerain de Chasteau-regnaud, Cheualier des 2. Ordres du Roy, Gouuerneur & Lieutenant general pour sa Majesté en Auuergne Isle de France & ville de Paris ; fils de Louys de Bourbon Prince de Condé, & de Marguerite de Roye espousa en 1. nopces en Ianuier l'an 1582. Ieanne de Coësme Dame de Lucé & de Bonnestable vefue de Louys Seigneur de Montasfié, fille vnicque & heritiere de Louys de Coësme Baron de Lucé & de Bonnestable, descendu de Charles de Coësme 3. du Nom, Baron de Lucé qui auoit pour sœur vnicque Marguerite de Coësme femme de Charles d'Angennes 3. du Nom, Seigneur de Ramboüillet, de l'antienne Maison d'Angennes, fils de Iean Seigneur d'Angennes 9. du Nom, descendu de Iean 8. Cheualier fils de Iean 7. Gouuerneur de Mante, qu'il prist d'assault sur les Anglois sous l'adueu du Roy Charles 7. qui auoit pour pere Iean 6. Gouuerneur de la personne du Roy Charles 6. lors de sa maladie, & Lieutenant general pour sa Majesté en Dauphiné, (ayant receu l'honneur d'auoir esté premierement establi Gouuerneur de ceste Prouince par le Roy Charles 5. premier Prince Dauphin de la Maison de France, en suitte de la donation de ce temps là nouuellement faite par Humbert dernier Dauphin de Viennois au Roy Philippes 6. dict de Valois) & pour ayeul Iean 5. Chambellan du Roy Charles 5. dict le Sage, cy-dessus pour bizayeul Iean 4. l'vn des Chambellans du mesme Roy, & pour trizayeul Iean 3. Gouuerneur de Toucques, fils de Iean 2. creé Gouuerneur de ceste place par le Roy Philippes 6. & continué par le Roy Iean 1. son fils, lequel en la compaignie de Regnault son frere puisné, de Iean de Conflans, & de Robert de Clermont Mareschaux de France, rendit l'ame en l'espanchement de son sang en faueur de la manutention de l'Estat, & du salut de Charles de France Duc de Normandie Dauphin de Viennois & Regent en France, du depuis surnommé Charles 5. à son aduenement à la Couronne (plusieurs fois remarqué en cét Eloge) lors de la sedition populaire excitee à Paris par Charles 2. du Nom Roy de Nauarre & Comte d'Eureux. De Charles d'Angennes cy-dessus descendit Iacques Seigneur de Ramboüillet entre les bras duquel & en sa Maison, le Roy François 1. consigna son Ame à Dieu l'an 1547. & René Seigneur de la Louppe, de l'aisné & de Marie de Maintenon descendirent 9 fils & 2. filles remarquez en la suitte de ce discours, sçauoir, Iacques d'Angennes 2. du Nom, Seigneur de Ramboüillet, Mareschal de Camp és armees du Roy Henry 2. Regnault Cornette d'Antoine Roy de Nauarre qui mourut en Piedmōd aulict d'honneur, Claude

Y y ij   Cardinal

Cardinal du Siege Apoſtolicque & Eueſque du Mans, Nicollas Marquis de Ramboüillet & Vidame du Mans, Capitaine des Gardes du corps du Roy Charles 9. & de 100. Gentilshommes de ſa Maiſon, Gouuerneur de Metz, Lieutenant general au pais Meſſin, ſon Ambaſſadeur vers ſa Saincteté, Viceroy pour le Roy Henry 3. en Poloigne, & Cheualier des 2. Ordres de ſa Ma eſté, duquel & de Iulienne d'Arquenay eſt forty Charles d'Angennes, de preſent Marquis de Ramboüillet, Conſeiller d'Eſtat, Cheualier des 2. Ordres du Roy, Grand Maiſtre de la Garderobbe de ſa Majeſté & deputé Ambaſſadeur extraordinaire vers le Roy d'Eſpaigne, qui a eſpouſé Catherine de Viuonne Marquiſe de Piſany, fille & heritiere de Iean de Viuonne Marquis de Piſany, deſquels ſont iſſus 2. fils & 2. filles, & Madaleine qui eſpouſa 1. Pierre du Bellay Prince ſouuerain d'Yuetot, & du depuis Louys de Barbançon Seigneur de Cany, Louys Seigneur de Maintenon & Baron de Mellay, Cheualier des 2. Ordres, & Ambaſſadeur extraordinaire en Eſpaigne, qui de Françoiſe d'O, delaiſſa 4. fils & 1. fille, ſçauoir, Charles Seigneur de Maintenon, qui de Marie de Courtenay Dame de Linieres & de Seluert, de la Maiſon des Barons de Linieres-Courtenay, a eu Louys de preſent Seigneur de Maintenon & autres enfans, Henry Seigneur de Mouſtiers qui fut tué au ſiege d'Oſtende ; Iacques Conſeiller d'Eſtat, Eueſque de Bayeux, Seigneur & Prieur de Mouſtiers, Iean Seigneur de Bertoncelles, & Louyſe-Iſabelle 2. femme d'Antoine Seigneur d'Aumont, Cheualier des 2. Ordres, Gouuerneur de Boulongne, fils aiſné de Iean 4. du Nom, Seigneur d'Aumont & de Clery Comte de Chaſteau-roux, Baron de Chappes, Cheualier & Mareſchal de France, fils de Pierre 3. (de la deſcente de Iean 2. qui eſpouſa Agnez de Dreux, de Maiſon de Dreux, branche de la Maiſon de France, fils de Iean 1. qui vinoit l'an 1248) & d'Antoinette Chabot, fille de Philippes Chabot Baron de Brion, Comte de Buſançois & de Neufue-Blanche, Cheualier de l'Ordre S. Michel & de la Iartiere d'Angleterre, Gouuerneur de Bourgongne, Admiral de France, fils puiſné de Iacques Chabot Baron de Iarnac, & de Magdeleinne de Luxembourg, Iean Seigneur & Baron de Poigny, Cheualier des 2. Ordres du Roy, Capitaine de 50. hommes d'Armes de ſes Ordonnances, Ambaſſadeur vers l'Empereur & Potentats d'Allemaigne, qui de Magdeleine de Thierry de la Maiſon de Boiſorcan en Bretaigne, a delaiſſé Iean auſſi Baron de Poigny, & Anne femme de Louys Marquis de la Foſſeliere en Poictou: Frãçois Seigneur de Montloüet Ambaſſadeur en Suiſſe dequel & de Magdeleine de Broüillard de la Maiſon des Barons de Mont-jay, eſt iſſu François auſſi Seigneur de Montloüet: & Philippes Seigneur de Fargis, Ambaſſadeur en Angleterre ; qui de Ieanne de Haluin de la Maiſon des Ducs de Haluin (ſœur de Florimond, Marquis de Piennes & de Magnelets, pere d'Anne Ducheſſe de Haluin, femme de Charles de Schomberg Marquis d'Eſpinay, qui porte de preſent la qualité de Duc de Haluin & Pair de France, qui a pour ſœur Marie femme de Charles Seigneur de Liencourt, Marquis de Mõtfort, 1. Gentilhomme de la Chãbre du Roy, deſcendus de Henry de Schõberg Comte de Nantueil, Cheualier des 2. Ordres, Gouuerneur de Limouſin & de la Marche, Mareſchal de France, & de Françoiſe d'Eſpinay Comteſſe de Durtal) a eu pour poſterité Marie qui a eſpouſé Antoine de Lenoncourt Seigneur de Maroſſes, & Charles Seigneur de Fargis, Ambaſſadeur ordinaire pour le iourd'huy en Eſpaigne, qui a pour femme Iſabelle de Silly ſœur de Marie qui auoit eſpouſé Philippes Emmanuel de Gondy Comte de Ioigny, Cheualier des 2. Ordres, General des Galeres de France, filles d'Antoine de Silly, Comte de la Rochepot, Souuerain de Damuille, Baron de Montmiral, Cheualier des 2. Ordres du Roy, Lieutenant general pour ſa Majeſté en Anjou, frere puiſné de Henry de Silly Comte de la Rocheguion, Cheualier des 2. Ordres, qui auoit pour fils vnique François Duc de la Rocheguion, Pair de France, Cheualier des 2. Ordres, qui a pour femme Catherine de Matignon, fille aiſnée de Charles Seigneur de Matignon, Comte, de Thorigny, auſſi Cheualier des 2. Ordres, Lieutenant general au Gouuernement de Normandie, & d'Eleonor d'Orleans, de la Maiſon des Ducs de Longueuille, deſcendus de Louys fils de Charles Seigneur de la Rocheguion ; les 2. filles ſont Antoinette femme de Iean de Mores Baron de Iodrais, & Françoiſe femme d'Oliuier de Rauenel Seigneur de Rentigny, deſquels ſont deſcendus 2. fils de l'aiſné, deſquels eſt iſſuë vne ſeule fille eſpouſe de Iean Comte de Bergue, frere aiſné du Comte Henry de Bergue General des armees du Roy d'Eſpaigne és Prouinces de Flandres & Brabant: De René Seigneur de la Louppe, mort aux guerres d'Italie, cy-deſſus, & de Ieanne de Silly fille de François 2. du Nom Seigneur de Silly fils de François de Silly Gouuerneur du Chaſteau de Caën, deſcendirent 3. fils & vne fille, ſçauoir, Iacques d'Angennes, Seigneur de Maruille, Louys Seigneur de S. Colombe, Louys Baron de la Louppe, qui eſpouſa par diſpenſe Françoiſe-Marie d'Auberuille, fille vnique & heritiere d'Odet Baron d'Au-

 beruille,

beruille , du Vert-bofq, Cantelou & Caux (dont elle porte les Armes qui font d'azur à 2. Leopards d'or remarquées par Charles de Bourgueuille Seigneur de Bras & de Brucourt, Conſeiller
du Roy , & Lieutenant general au Bailliage de Caën , en ſon Liure des Antiquités de Normandie,
eſtimable pour ſes curieuſes recherches) Bailly de Caën , fils de Iacques auſſi Baron d'Auberuille
& Bailly dudit lieu (laquelle alliance & deſcente eſt mentionne par Iacques Seigneur de Cahai-
gnes , Docteur en Medecine , & Profeſſeur Royal en l'Vniuerſité de Caën , l'honneur des Mede-
cins de ſon temps en ſa Centurie d'Eloges) veſue du Seigneur de Maruille , ſon frere, pere & mere de Charles Baron de la Louppe, de Iacques Seigneur de Maruille, de Louys Seigneur de Vaux,
de Henry Seigneur de S. Colombe, de Iean & de François d'Angennes : & Marie d'Angennes qui
a eſpouſé premierement Charles Seigneur de la Robodenge, & en 2. nopces François Anſerey,
Seigneur de la Fontenelle & de Durcet, Gentilhomme ordinaire de la Chambre du Roy , frere
puiſné de Gilles Anzeray Seigneur de Couruauden, Saueney Bois norman, Bone-maiſon, Ha-
mars & Saueney , Conſeiller du Roy en ſes Conſeils d'Eſtat & priué , & preſident en ſa Cour de
Parlement de Normandie, l'vn & l'autre deſcendus de François auſſi Seigneur de Couruaudon,
Conſeiller d'Eſtat, & preſident en la meſme Cour, & de Catherine d'Amours, fille du Seigneur
Preſident d'Amours : Il portoit pour Armoiries vn Eſcu eſcartelé au 1. & 4. quartier de Bourbon
qui eſt d'azur à 3. fleurs de Lys d'or , 1. & 1. & au baſton de gueules pery en bande , & du depuis en
cottice, autres diſent en filet ſans brocher ſur le tout, au 2. & 3. d'Alençon qui eſt auſſi d'azur à 3.
fleurs de Lys d'or à la bordure de gueules chargee de 8. bezans d'argent poſé en orle , & ſur le
tout l'Eſcu de Roye qui eſt de gueules à la bande d'argent qu'il quitta apres l'aduenement du Roy
Henry le Grand à la Couronne de France, la Princeſſe ſa 1. femme portoit pareilles Armes contrepartyes de Coëſme qui eſt d'or au Lyon d'azur, armé & lampaſſé de gueules.

Z z ij   I. François

93

FRançois Prince de Conty, cy deſſus, eſpouſa en 2. nopces le 14. Iuin l'an 1605. Louyſe de Lorraine Princeſſe de Chaſteau-regnaud fille aiſnee de Henry de Lorraine Duc de Guyſe, Cheualier des 2. Ordres du Roy, Pair & Grand Maiſtre de France, & de Catherine de Cleues Comteſſe d'Eu, de preſent Doüairiere de Guyſe, & veſue d'Antoine de Croy Prince de Porcean & ſœur de Charles de Lorraine, Duc de Guyſe, Cheualier des 2. Ordres, & de Clau-de Duc de Cheureuſe auſſi Cheualier: Pair & Grand Chambellan de France: Elle porte de Bourbon eſcartelé d'Alençon côtreparty de Lorraine-Guyſe, qui a vn Eſcu couppé de 8. pieces, 4. en chef & 4. en pointe en la 1. du chef de Hôgrie qui eſt facé d'argét & de gueules de 8. piecesen la 2. d'Anjou Naples qui eſt d'azur ſemé de fleurs de Lys d'or au lãbeau de gueules de 3. pieces en chef, en la 3. de Hieruſalé qui eſt d'argent à la croix potencee d'or, cantonnee de 4. croix couppees de meſ-me metail en la 4. d'Arragon qui eſt d'or au pal de 4. pieces de gueules en la 1. de la pointe d'Anjou, de la derniere branche qui eſt d'azur aux fleurs de Lys d'or ſans nombre, & à la bordure de gueules en la 2. de Gueldres, qui eſt d'azur au Lyon contourné d'or, couronné, armé & lampaſſé de gueules party en la 3. de Flandres qui eſt d'or au Lyon de ſable, armé & lampaſſé de gueules en la 4. de Bar qui eſt d'azur à 2. Bars addoſſez d'or, dentez & allumez d'argent, l'Eſcu ſemé de croix recroiſées au pied fiché d'or, & ſur le tout de Lorraine qui eſt d'or à la babande de gueules chargee de 3. Alle-rions d'argent, & pour brizeure des pleines Armes de Lorraine vn lambeau de gueules de 3. pieces: Il fut aſſocié à l'Ordre militaire du S. Eſprit l'an 1579. au 2. chapitre de cét Ordre par le Roy Henry 3. fondateur ſouuerain, & Grand Maiſtre d'iceluy, qu'il erigea à Paris la meſme annee pour remercier Dieu des faueurs qu'il auoit receuës le iour de la Penthecoſte 1. en côſideratiõ de ſa naiſ-ſance aduenuë ce iour l'an 1550. de ſon eſlection au Royaume de Poloigne, pareil iour l'an 1573. & de ce que l'année ſuyuante il eſtoit paruenu à la ſucceſſion de la Couronne de France, au meſme temps de la feſte du S. Eſprit.

Il deceda à Paris dedans l'Abbaye de S. Germain des Prez le 13. iour d'Aouſt 1614. aagé de 56. ans ſon corps repoſe en la meſme Abbaye. La Princeſſe ſa premiere femme deceda le 27. iour de Decembre l'an 1601. à S. Arnoul en Beauſſe.

94

2. CHarles de Bourbon 3. du Nom, Cardinal de Vendofme, Archevefque de Roüen, Primat de Normandie & Abbé de S. Germain des Prez, 4. fils de Louys de Bourbon Prince de Condé, & de Marguerite de Roye, fut creé Cardinal par le Pape Gregoire 13. l'an 1583. à la recommandation du Roy Henry 3. & à fa nomination fut eftably Archevefque de Roüen l'an 1590. apres le deceds de fon oncle Charles . du Nom, Cardinal de Bourbon: Il portoit vn Efcu efcartelé au 1. & 4. quartier de Bourbon, le bafton pery en cottice au 2. & 3. d'Alençon, cy deffus, & auoit pour Deuife, vn Lys enuironné d'efpines, auec ces mots tirez du 2. chapitre des Cantiques *Sicut Lilium inter fpinas.*

Il expira dans l'Abbaye de S. Germain des prés l'an 1594.

3. LOuys de Bourbon Comte d'Anify, 5. fils de Louys de Bourbon Prince de Condé, & de Marguerite de Roye, portoit de Bourbon, le bafton de gueules brizé d'vne Eftoille d'argent vers le chef.

Il deceda le 19. iour d'Octobre l'an 1563.

4. CHarles de Bourbon Comte de Soiffons, de Dreux, de Chafteauchinon & Noyers, Baron de Blandy, Pair & grand Maiftre de France, Cheualier des 2. Ordres du Roy, Gouuerneur & Lieutenant general pour fa Majefté en Normandie & Dauphiné, 6. fils de Louys de Bourbon Prince de Condé, & aifné du 2. mariage qu'il contracta auec la Princeffe Françoife d'Orleans, fut creé Cheualier de l'Ordre du S. Efprit par le Roy Henry 3. au 8. Chapitre qui fut tenu à Paris l'an 1585. & l'an 1561. le 27. iour de Decembre efpoufa à S. Arnoül prés Chartres, Anne Comteffe de Montaffié, Dame & Baronne de Lucé Bonneftable Coëfme, & autres opulentes Seigneuries, fille vnique & heritiere de Louys Comte de Montaffié, & de Ieanne de Coëfme Dame de Lucé & de Bonneftable, premiere femme de François de Bourbon Prince de Conty : Il portoit pour Armoiries de Bourbon qui eft d'azur à 3. fleurs de Lys d'or, 2. & 1. & au bafton de gueules pery en cottice fans brocher fur le tout, & pour brizeure vne bordure de gueules : Sa Deuife eftoit vn Rocher au milieu des flots de la mer, conuert d'vn Laurier pour l'exempter de la rigueur des foudres du Ciel, auec ce mot, *Impauidè*, Madame la Comteffe fa Doüairiere porte pareilles Armes contreparties d'vn Efcu efcartelé au 1. & 4. quartier d'azur à l'Eftoille de gueules brizee d'vn Croiffant montant d'argent qui eft de Montaffié, au 2. & 3. d'or au Lyon d'azur, armé & lampaffé de gueules qui eft de Coëfme.

Il expira au lieu de fa naiffance au Chafteau de Blandy en Brie, le 1. iour de Nouembre l'an 1612. aagé de 46. ans, fon corps eft gifant en la Chartreufe de Gaillon en Normandie.

95

1. **B**Enjamin de Bourbon Seigneur de Blandy, 7. fils de Louys de Bourbon Prince de Condé, & 2. fils procedant de Françoise d'Orleans sa 2. femme, portoit vn Escu escartelé au 1. & 4. de Bourbon, au 2. & 3. d'Alençon , & sur le tout d'azur à 3. fleurs de Lys d'or 2. & 1. au lambeau d'argent de 3. pieces & au baston de gueules pery en bande brochant sur le tout, qui est l'Escu d'Or-leans-Longueuille.

Il mourut l'an 1577.

2. **C**Atherine de Bourbon fille aisnee de Louys de Bourbon Prince de Condé, & d'Eleonor de Roye, portoit vn Escu escartelé au 1. & 4. de Bourbon, au 2. & 3. d'Alençon.

Elle expira à Condé en Brie l'an 1564.

3. **M**Agdaleine de Bourbon 2. fille de Louys de Bourbon Prince de Condé, portoit de Bour-bon cy-dessus escartelé d'Alençon qui est de France à la bordure de gueules, chargée de 8. bezans d'argent.

Elle deceda à Muret le 7. Octobre 1563.

4. **H**Enry de Bourbon Duc de Montpensier, Chastellerault & S. Fergeau , Pair de France, Souuerain de Dombes, Prince de la Roche suryon, Dauphin d'Auuergne, Marquis de Mezieres,Comte de Mortaing, Vicomte d'Auge & de Broise, Baron de Beaujolois , Thiert , Es-colle-Montagu & Combraille, Seigneur de Champigny, Argenton. Marueil, Villebois & Se-neché , Cheualier des 2. Ordres du Roy, Gouuerneur & Lieutenant genral pour le Roy Henry 4. au Duché de Normandie, fils aisné de François de Bourbon aussi Duc de Montpensier & de Re-nee d'Anjou Marquise de Mesieres fut 1. Gouuerneur de Dauphiné & de Bretaigne, & succeda au Duc son pere au Gouuernement de Normandie; le Roy Henry le Grand l'associa à l'Ordre du S. Esprit l'an 1595. & le 27. Auril l'an 1597. fut accordé son mariage auec Catherine-Henriette de Ioyeuse, fille vnicque & heritiere de Henry de Ioyeuse Comte du Bouchage, Seigneur de S. Sau-ueur, Cheualier des 2. Ordres, Mareschal de France, Lieutenant general pour le Roy au Gou-

uernement

£ b b

uernement de Languedoc, qui delaiſſa pour la 2. ſois le 8. Mars l'an 159. les delices du monde pour s'entretenir ſolitairement dans les penſees du Ciel en la compagnie des Religieux Capucins, qui viuent dans l'integrité de la diſcipline Religieuſe : Il auoit eſpouſé Marguerite-Catherine de Nogaret de la Valette, ſœur de Bernard de Nogaret Seigneur de la Valette, Cheualier des 2. Ordres, Admiral de France, Gouuerneur & Lieutenant general pour le Roy Henry 3. en Prouence, & de Iean-Louys de Nogaret de la Valette Duc d'Eſpernon, Pair de France, Cheualier des 2. Ordres, Colonel general de l'Infanterie Françoiſe, Gouuerneur de Metz, païs Meſſin, & Guyenne, & eſtoit 3. fils de Guillaume Seigneur & Vicomte de Ioyeuſe, & de Marie de Batarnay Comteſſe du Bouchage, qui l'ayant enfanté homme, multiplia ſes pleurs de telle ſorte qu'elle l'enfanta Ange pour la 2. fois, comme autresfois Ste. Monique S. Auguſtin : Il portoit de Bourbon-Montpenſier qui eſt d'azur à 3. fleurs de Lys d'or & au baſton de gueules pery en cottice brizé d'vn Croiſſant d'argent : Madame la Ducheſſe ſa Doüairiere (laquelle conuolant en 2. nopces, a eſpouſé Charles de Lorraine Duc de Guyſe, Pair de France, Cheualier des 2. Ordres du Roy, Gouuerneur & Lieutenant general pour ſa Maieſté en Prouence, & Admiral des Mers du Leuant) portoit cy-deuant pareilles Armes contrepartyes d'vn Eſcu eſcartelé au 1. & 4. quartier pallé d'or & d'azur de 6. pieces au chef de gueules chargé de 3. Hydres accoſtez d'or qui eſt de Ioyeuſe, au 2. & 3. d'azur au Lyon d'argent, armé & lampaſſé d'or à la bordure de gueules chargé de 8. fleurs de Lys d'or en orle qui eſt de S. Didier : Elle ne porte ſur le tout l'Eſcu de Batarnay qui eſt eſcartelé d'or & d'azur, que portoit le Comte ſon pere, en qualité de puiſné de la Maiſon de Ioyeuſe, de laquelle elle eſt reſtee ſeule de la poſterité de 7. fils deſcendus de Guillaume Seigneur de Ioyeuſe ſon Ayeul.

Il paſſa de ceſte vie en l'autre aagé de 55. ans en ſon Hoſtel à Paris, en Feurier, l'an 1608. & giſt en la ſaincte Chappelle de S. Louys de Champigny.

97

1. **L**OVYS XIII. DV NOM, SVRNOMMÉ LE IVSTE, TRES-CHRESTIEN, ROY DE FRANCE ET DE NAVARRE, descendu du ROY HENRY LE GRAND, & de la ROYNE MARIE DE MEDICIS PRINCESSE DE TOSCANE, prist naissance au bon-heur de l'Estat le 27. Septembre l'an 1601. & l'an 1610. en May succeda au feu Roy son pere d'immortelle memoire, le Dimanche 17. Octobre ensuiuant, fut celebré son Sacre & Couronnemēt dans la ville de Reims, où il receut l'Ordre du S. Esprit des mains de François Illustrissime Duc & Cardinal de Ioyeuse, representant en ceste action l'Archeuesque & Duc de Reims, premier Pair de France : Les autres Pairs assemblez, sçauoir, Geoffroy de Billy Euesque & Duc de Laon, Charles d'Escars Euesque & Duc de Langres, René Potier Euesque & Comte de Beauuais, Cosme de Clausse Euesque & Comte de Chaalons, Charles de Balsac Euesque & Comte de Noyon, Henry de Bourbon Prince de Condé, pour le Duc de Bourgongne, Doyen de Paris, François de Bourbon, Prince de Conty pour le Duc de Normandie, Charles de Bourbon Comte de Soissons, pour le Duc d'Aquitaine, Charles de Gonzague de Cleues Duc de Neuers pour le Comte de Flandres, Charles de Lorraine Duc d'Elbeuf pour le Comte de Champaigne, Iean Louys de Nogaret de la Valette Duc d'Espernon pour le Comte de Thoulouse : Et l'an 1615. le 25. iour de Nouembre espousa solemnellement en la ville de Bourdeaux, la serenissime Princesse Infante d'Espaigne, Anne fille aisnée de Philippes 3. du Nom, Roy d'Espaigne, & de la Royne Marguerite d'Austriche. Sa Majesté porte les Armoiries de France & de Nauarre en 2. Escus qui sont d'azur à 3. fleurs de Lys d'or, 2. en chef & 1. en pointe & de gueules à l'Escarboucle pommettee d'or, ou aux doubles chaisnes d'or posées en orle, pal, sautoir & face, les 2. Escus assemblez sous vne mesme Couronne, & entournez des Colliers des 2. Ordres, pour Cimier vne double fleur de Lys d'or, & pour supports 2. Anges de couleur de Carnation, l'vn reuestu de cottes d'Armes de France, l'autre de Nauarre : La Royne porte semblables Armes contreparties de l'Escu de la Maison d'Espaigne qui est escartelé au 1. quartier contr'escartelé au 1. & 4 canton de gueules au chasteau crenelé d'or, sommé de 3. tours selon quelques-vns qui est de Castille au 2. & 3. d'argent au Lyon de pourpre, armé & lampassé de gueules qui est de Leon au 2. quartier de l'Escu principal d'or au pal de 4. pieces de gueules qui est d'Arragon party d'Arragon-Sicile qui est de mesme, flancqué en outre d'argent à 2. Aigles de sable, à la pointe de ces deux escus est enté celuy de Grenade qui est d'argent à la Grenade de gueules, soustenuë & fueillee de sinople sur le tout, desquels est l'Escu de Portugal qui est d'argent à 5. Escussons d'azur posez en Croix, chaque Escusson chargé de 5. bezans d'argent posez en sautoir, surchargez d'vn poinct de sable à la bordure de gueules chargee de 7. chasteaux d'or maissonnez de sable : Alphonse 1. Roy de Portugal, fils de Henry de Bourgongne, Comte de Portugal, descendu de la Royalle Maison de France, sçauoir, de Robert de France Duc de Bourgongne, l'vn des fils du Roy Robert, prist telles Armes ayant deffaict en bataille rangee à Euora le 25. Iuillet l'an 1039. 5. Roys Mores, entre lesquels Ismaël Roy de Grenade estoit chef, & ne trouua point (apres auoir merité le tiltre de Roy) de marque plus illustre pour les representer que 5. Escus d'azur, dont

zur, dont il blasonna son Bouclier d'argent, chacun d'iceux chargé de 5. deniers ou bezans d'argent en memoire de la monnoye, auec laquelle le plus traistre de la race des hommes, vendit le sang juste, & lors quitta l'Escu d'argent à la Croix d'azur, ou selon les autres, l'Escu d'or à la face de 5. pieces d'azur semee de fleurs de Lys d'or à la bordure de gueules qui estoient les antiennes Armes de Portugal: Du depuis Alphonse 3. du Nom, 5. Roy de Portugal, ayant espousé Beatrix de Castille, fille d'Alphonse 9. Roy de Castille dict le Sage, & recen en dot le Royaume d'Algarüe, adjousta la bordure chastelee de 7. pieces en orle cy-dessus representee: Ces blasons se rencontrent d'autant plus nobles qu'ils sont grauez & peints, non de la main d'vn Peintre, mais en plein camp de Mars, non d'vn pinceau, mais auec le burin d'vne espée bien aceree, & auec des couleurs non de vermillon ou d'azur, mais de sang meslé de sueur & de pouldre, ce qui annoblit en soüillant: Elle porte au 3. quartier d'Austriche qui est de gueules à la face d'argët soustenu de la premiere branche de Bourgógne qui est bandé d'or & d'azur de 6. pieces à la bordure de gueules, au 4. & dernier quartier de la derniere branche de Bourgongne qui est d'azur à 3. fleurs de Lys d'or, 2. & 1, ou aux fleurs de Lys sans nombre à la bordure componnee d'argent & de gueules soustenu de Brabant qui est d'or au Lyon de sable, armé & lampassé de gueules, & sur le tout des 2. derniers quartiers de Flandres qui est d'or au Lyon de sable, armé & lampassé de gueules party du Marquisat du S. Empire qui est d'argent à l'Aigle de gueules, becqué & membré d'or, l'Escu entier couuert d'vne Couronne Royalle exaucee de fleurs de Lys entourné d'vn cordon d'argent ou d'vne palme d'or ou de sinople, symbole d'alliance.

2. Monseigneur

99

1. MOnſeigneur le Duc d'Orleans 2. fils de Henry le Grand Roy de France & de Nauarre, & de la Royne Marie de Medicis Princeſſe de Toſcane, priſt naiſſance à Fontainebleau le 6. iour d'Auril l'an 1607. fut inondé au Bapteſme ſans receuoir l'impoſition du Nom, & luy fut baillé en appennage par le Roy ſon pere, le Duché d'Orleans dont il portoit les Armes, ſçauoir, l'azur à 3. fleurs de Lys d'or 2. &1. l'Eſcu briſé en chef d'vn lambeau d'argent de 3. pieces qui ſont les meſmes Armes que portoient les Ducs d'Orleans deſcendus du Roy Charles 5. dict le Sage, celles des antiens Roys dudit lieu d'Orleans, eſtoient d'azur ſemé de cailloux d'or.

Il expira à S. Germain en Laye le 17. iour de Nouambre l'an 1611. Son corps repoſe en l'Abbaye de S. Denys.

2. GAſton-Iean Baptiſte de France Duc d'Aniou 3. fils de Henry le Grand, Roy de France & de Nauarre, & de la Royne Marie de Medicis, priſt naiſſance, à Fontainebleau le 25. iour d'Auril l'an 1608. & porte d'Anjou qui eſt de France ſçauoir d'azur à 3. fleurs de Lys d'or, 2., en chef & 1. en pointe à la bordure de gueules, leſquelles Armes ont eſté portees par les Ducs d'Anjou de la derniere branche deſcendus du Roy Louys 8.

3. ELizabeth de France fille aiſnee du Roy Henry le Grand, & de la Royne Marie de Medicis, priſt naiſſance à Fontainebleau l'an 1602. & le 25. Nouembre l'an 1615. ſes nopces furent celebrees auec le Roy Catholique Philippes 4. du Nom d'Eſpaigne, lors Prince d'Eſpaigne, proclamé Roy d'Arragon, fils aiſné de Philippes 3. du Nom, Roy d'Eſpaigne, & de la Royne Marguerite d'Auſtriche, l'vn & l'autre deſcendus d'vne meſme branche, ſçauoir, le Roy Philippes 3. de Philippes 2. & iceluy de Charles 5. Empereur, frere aiſné de l'Empereur Ferdinand 1. du Nom, de Hongrie & de Boheme, par l'alliance qu'il fiſt auec la Royne Anne de Hongrie ſœur du Roy Louys, & ſœur du Roy Ladiſlas, deſquels deſcendit Ferdinand Archiduc d'Auſtriche & Comte de Tirol pere de la ſuſdite Royne Marguerite, & tous enſemble tiroient leur ſouche de Philippes 1. du Nom, Archiduc d'Auſtriche, du depuis Roy d'Eſpaigne (comme ayant eſpouſé Ieanne Royne de Caſtille, Leon, Arragon, Grenade & Sicile, fille vnicque & heritiere de Ferdinand Roy d'Arragon & d'Iſabelle Royne de Caſtille) fils de l'Empereur Maximilian (deſcendu de l'Empereur Federic 3. premier Archiduc d'Auſtriche, & d'Eleonor de Portugal fille d'Edoüard

Ddd   Roy de

100

Roy de Portugal) & de Marie Duchesse de Bourgongne & de Brabant, Comtesse de Flandres,
Palatine de Bourgongne & Marquise du S. Empire, Princesse de la derniere branche de Bourgon-
gne, qui se commence au Duc Philippes le hardy 4. fils de Iean Roy de France : Elle porte pour
Armoiries l'Escu de la Maison d'Espaigne qui est escartelé au 1. quartier contr'escartelé au 1. & 4.
canton de Castille qui est de gueules au chasteau d'or (à quoy quelques-vns adioustent) sommé de
3. tours crenelees de mesme metail ; lequel blason d'Ocampo & Beuther, disent auoir esté pris par
Alphonse Roy de Castille & de Leon, apres la bataille de Muradal, en memoire du chasteau de
Ferrail pris par les Chrestiens l'an 1212. Ce qui n'est vray-semblable, veu que le païs de Castille
emprunte son nom des Armes æquiuocques, lesquelles sont plus antiennes que la bataille cy-dessus designee au 2. & 3. de Leon qui est d'argent au Lyon de Pourpre, armé & lampassé de gueules,
autres blasonnent au Lyon de gueules & encore diuersement de sable, & les antiennes estoient d'argent à cinq Lyons de gueules posez en sautoir ou d'argent à la Croix neelee de gueules, au
deux-iesme quartier d'Arragon qui est d'or au pal de quatre pieces de gueules party
d'Arragon-Sicile qui est de mesme, flancqué en outre d'argent à deux Aigles de sable en la pointe de ces deux Escus est enté celuy de Grenade qui est d'argent à la Grenade de gueules fueillee & soustenuë de sinople, lequel blason fut adiousté à celuy d'Espaigne
ou Castille par Ferdinand Roy d'Arragon & de Sicile, en memoire du tiltre de Catholique qu'il
acquist apres auoir pris Grenade, & exterminé les Roys Mores d'Espaigne, sur le tout de ces 2.
mesmes quartiers est enté l'Escu de Portugal qui est d'argent à 5. Escussons d'azur posez en croix
chaque Escusson chargé de 5. bezans d'argent posez en sautoir surchargez d'vn poinct de sable à la
bordure de gueules chargee de 7. chasteaux d'or massonnez de sable, au 3. quartier d'Austriche, le
moderne qui est de gueules à la face d'argent à la difference des antiennes qui estoient d'azur à 6.
Alloüettes aux aisles desployees d'or 3. en chef, 2. en abysme & 1. en pointe, soustenu de la derniere branche de Bourgongne qui est bandé d'or & d'azur de 6. pieces à la bordure de gueules au 4.
quartier de la premiere branche des Ducs de Bourgongne qui est d'azur à 3. fleurs de Lys d'or, ou
semé de fleurs de Lys à la bordure componnee d'argent & de gueules, soustenu de Brabant qui est
de sable au Lyon d'or, armé & lampassé de gueules, & sur ces deux derniers quartiers de Flandres
qui est d'or au Lyon de sable, armé & lampassé de gueules party du Marquisat du S. Empire qui
est d'argent à l'Aigle de gueules becqué & membré d'or : autres blasonnent vn Escu escartelé au premier quartier contr'escartelé au premier & quatriesme canton de Castille au 1. & 3.
de Leon, au 2. & 3. quartier d'Arragon party d'Arragon-Sicile, telles que les portoit l'Empereur
Charles 5. y adioustant l'Escu de l'Empire qui est d'or à l'Aigle de sable à 2. testes couronné d'or,
becqué & membré de gueules : La Royne Eleonor Princesse d'Espaigne, Doüairiere de France
& de Portugal sa sœur les portoit escartelees d'vne autre maniere, telles qu'elles se voyent representees aux vitres de quelques Chambres du Parlement de Paris, sçauoir, vn Escu escartelé
au 1. quartier contr'escartelé au 1. & 4. canton de Castille au 2. & 3. de Leon soustenu de Nauarre
qui est de gueules à l'Escarboucle pommettee d'or contresoustenu d'Arragon, party d'Arragon-
Sicile au 2. quartier de Hongrie qui est burelé d'argent & de gueules de 10. pieces party de Hierusalem qui est d'argent à la croix potencee d'or cantonne de 4. croix couppees de mesme metail soustenu de l'Escu conntr'escartelé de Castille & de Leon au 3. quartier d'Austriche soustenu de l'antienne branche de Bourgongne, au 4. de la derniere branche de Bourgongne, soustenu de Brabant & sur le tout de Flandres, party du Marquisat du S. Empire : le Roy Philippes 2. y adiousta
l'Escu de Portugal enté en chef l'an 1580. apres la mort du Cardinal Henry Roy de Portugal, oncle du Roy Dom Sebastien, en suitte de la desroute du Roy Dom Antonio (descendu de Louys
Prince de Portugal Duc de Beja, 3. fils d'Emmanuel Roy de Portugal & de Marie de Castille)
qui deceda à Paris le 25. Aoust l'an 1595. quelques Archiducs puisnez de la Maison d'Austriche,
ont porté vn Escu escartelé au 1. quartier de Hongrie soustenu de Castille & party de Leon au 2.
quartier de Luxembourg, qui est d'argent au Lyon de gueules dont la queuë est passee en sautoir,
couronné, armé & lampassé d'or soustenu d'Istrie qui est d'or au Loup rampant contourné de sable, denté, armé & lampassé d'azur party d'Austriche le moderne, tiercé de Carinthie qui est d'argent à 3. Lyons Leopardez de sable, armez & lampassez de sinople au 3. quartier d'Arragon party
d'Arragon-Sicile, & soustenu de Grenade au 4. & dernier d'argent à l'Aigle aux aisles desployees
de sable brizé en cœur d'vn Croissant d'argent qui est de Stirie, party d'or à l'Aigle sablé couronné
de mesme, becqué & membré de gueules qui est de Croatie soustenu d'or à l'Aigle aux aisles desployees, eschiquettee d'argent & d'azur, becqué & membré de pourpre qui est de Morauie, l'Escu

D d d ij

des antiennes

des anciennes Armes d'Austriche enté en pointe & sur le tout d'Austriche le moderne , party de
Bourgongne l'antien, le tout blasonné cy-dessus: Les Roys d'Espaigne portoiēt ces quartiers comme Seigneurs ou detenteurs des Seigneuries cy dessus , horsmis du Duché de Bourgongne auquel succeda le Roy Louys 11. l'an 1477. apres la deffaicte de Charles dernier Duc de Bourgongne
par la loy de reuersion ou retour d'appennage vers la Couronne de France.

4. CHristine de France fille puisnee du Roy Henry le Grand, & de la Royne Marie de Medicis, prist naissance au Louure à Paris le 10. iour de Feurier l'an 1606. & espousa audit lieu
pareil iour & mois l'an 1619. Victor Amedee de Sauoye Prince de Piedmont, 2. fils, & de present
fils aisné (en suitte du decez de Philippes Emanuel Prince de Sauoye son frere) de Charles Emanuel Duc de Sauoye (descendu d'Emanuel Philbert aussi Duc de Sauoye & de Marguerite de
France Duchesse de Berry fille du Roy François 1.) & de Catherine d'Austriche Princesse d'Espaigne fille de Philippes 2. du Nom Roy d'Espaigne, & d'Elizabeth de France fille du Roy Henry 2. sa 2. femme sœur d'Isabelle Claire Eugenie d'Espaigne Duchesse de Brabant & Comtesse de
Flandres, de present vefue d'Albert Archiduc d'Austriche : Elle porte vn Escu escartelé au 1. & 4.
quartier de pourpre au Cheual gay effrayé & contourné d'argent qui est l'Escu de la haute Saxe,
lesquelles estoient antiennement d'argent au Cheual contourné de sable & furent changees par
Charlemaigne; mais l'an 810. leur fut donné auec plus de similitude d'or à l'Aigle de sable chargé
de l'Escu cy dessus, blason retenu iusques au temps du Duc Hugues de Saxe, party & facé d'or &
de sable de 6. pieces à la couronne de sinople perie en bande brochant sur le tout qui est de la basse
Saxe; lequel blason fut pris par Othon Duc de Saxe, pere de Henry 1. surnommé l'Oyseleur qui
s'empara de l'Empire l'an 937. & portoit auparauant d'or au Lyon d'azur l'Escu semé de cœurs de
gueules : enté en pointe en forme de triangle d'argent à trois bouteroles d'espee de gueules
1. & 2. qui est d'Angrie au 2. quartier d'argent au Lyon de sable, l'Escu semé de billettes de mesme
qui est du Duché de Chablais au 3. de sable au Lyon d'argent, armé & lampassé de gueules qui est
du Duché d'Aoiste, & sur le tout de gueules à la Croix pleine d'argent , les antiennes estoient d'or
à l'Aigle de sable, becqué & membré de gueules que quitta Amedee le Grand Comte de Sauoye,
apres auoir assisté les Cheualiers de Rhodes contre les Turcs pour prendre celles de leur Religion,
du depuis surnommee de Malthe auec ceste deuise, *Fortitudo eius Rhodum tenuit*, laquelle a depuis
esté employee au Collier de l'Ordre de l'Annonciade, de l'institution d'Amedee 5. dict le Verd,
Comte de Sauoye, Duc de Chablais, d'Aouste & d'Angrie, faicte l'an 1355. les Comtes & Ducs
de Sauoye ont porté cy-deuant outre ces quartiers l'Escu de Chypre cy-dessus, de Nice qui est d'argent à vne montaigne de sable & à l'Aigle esforé de gueules, de Piedmond qui est de gueules à la
Croix pleine d'argent à la bande en deuise d'azur, de Suse qui est d'argent party de gueules à la
Tour crenelée de gueules & d'argent de l'vn en l'autre, de Saluces qui est pareil blason que celuy de
Montferrat, sçauoir d'argent au chef de gueules, de Bresse, qui est d'argent à la bande d'azur ac-
compaignée de 2. Lyons de mesme conleur, de Baugie qui est de gueules au Lyon d'Hermines couronné & armé d'or, de Verromey qui est pallé d'argent & d'azur de 6. pieces au Lyon de gueules,
couronné, armé & lampassé d'or brochant sur le tout, de Gex qui est d'azur à 6. morailles d'or liees
d'argent au chef d'argét chargé d'vn Lyon naissant de gueules: contreparty de France qui est d'azur
à 3. fleurs de Lys d'or 2. & 1. La Maison de Sauoye porte les Armes de Saxe comme descenduë d'O-
thon 1. du Nom, Empereur & Duc de Saxe, duquel la pluralité des Historiens faict descendre la
3. race de nos Roys qui se commence à Hué capet; Quant à celles de Chablais d'Aoiste & Angrie.
Elle les a prises en consequence qu'elle possede telles Seigneuries.

102

1. HEnriette-Marie de France 3. & derniere fille du Roy Henry le Grand, & de la Royne Marie de Medicis Princesse de Toscane, prist naissance au Louure à Paris le 25. Nouembre l'an 1609. & espousa au mesme lieu le 11. iour de May l'an 1625. par paroles de futur, Charles 1. du Nom, Roy de la Grand' Bretaigne, fils vnicque (en suitte du decez de Henry d'Angleterre, Prince de Galles son frere aisné, suruenu en Nouembre 1612.) de Iacques 1. du Nom , Roy de la Grand' Bretaigne, & d'Anne de Dannemarch, fille de Frideric 2. du Nom , & sœur de Christierne 4. du Nom Roy de Dannemarch: Iceluy Roy Iacques son pere, estoit fils de Henry de Stuart, Seigneur d'Arley Duc d'Albanie & Comte de Lenox (de la descente de Vualterus creé grand Stuard, ou Surintendant des finances d'Escosse par le Roy Malcolme) paruenu à la Couronne d'Escosse par l'alliance qu'il contracta auec Marie Royne d'Escosse Doüairiere de France, vefue du Roy François 2. Princesse de mesme sang fille vnicque de Iacques 5. qui estant veuf de Magdaleine de France, fille du Roy François 1. eut pour 2. femme Marie de Lorraine, fille de Claude 1. Duc de Guyse, & d'Antoinette de Bourbon lors veufue de Louys d'Orleans 2. du Nom Duc de Longueuille, Pair & grand Chambellan de France, fils de Iacques 4. du Nom Roy d'Escosse, qui auoit espousé Marguerite d'Angleterre fille du Roy Henry 7. & sœur de Henry 8. du Nom, Roy d'Angleterre & d'Irlande , pere de la Royne Elizabeth , à laquelle a succedé Iacques 6. du Nom, Roy d'Escosse, en ceste consideration deuenu Souuerain de toute l'Isle de la grand' Bretaigne, de laquelle il prist le tiltre pour reünir les volontez des Nations qui viuoient sous son obeissance : Elle porte pour Armoiries l'Escu de la Maison de Bretaigne, qui estoit cy-deuant escartelé de France & d'Angleterre, & sur le tout d'Escosse, & maintenant au 1. & 4. quartier contr'escartelé au 1. & 4. canton d'azur à ; fleurs de Lys d'or 2. & 1. qui de France au 2. & 3. de gueules à 3. Leopards d'or, armez & lampassez d'azur qui est d'Angleterre ou Normandie, au 2. d'or au Lyon de gueules, & au trechoir fleuronné & contrefleuronné de France de mesme couleur qui est d'Escosse au 3. de gueules ou d'azur selon les autres à la harpe d'or qui est d'Irlande, les antiénes estoient d'azur au dextrochaire d'argent armé de sable, tenant vne espée d'or contreparty de France : Les Armes d'Angleterre ont esté differentes selon la diuersité des temps, car Brutus 1. Prince de l'Isle Albion portoit d'or au Lyon de gueules. Gurguintus 22. Roy d'Angleterre, porta d'azur à 3. Couronnes d'or posez en pal : Artur Autheur des Cheualiers de la Table Ronde d'azur à 13. Couronnes d'or, 4. 4. 4. & 1. Ardulphe vn Escu d'azur à la Croix florencee d'or, cantonnee de 4. merlet-

tes de mesme que luy donna Charlemaigne, lesquelles Armes furent continuées iusques au reigne de Guillaume surnommé le conquerant, Duc de Normandie, Pair de France & Comte du Maine, qui s'assujettit la domination de ceste Isle en Aoust 1067. sur l'vsurpateur Heroult, guerre qu'il entreprist comme heritier institué du Roy Edoüard, & fondé au droict d'alliance d'entre Richard 2. Duc de Normandie son bizayeul ; & Ethelrede Roy d'Angleterre pere dudit Edoüard, & lors fut transporté aux Anglois l'Escu de Normandie attribué à la Neustrie, par les Normands descendus de Noruerge, lesquels prindrent (à la difference des Danois qui portent d'or à 3. Leopards de sinople, armez & lampassez de gueules) de gueules à 2. Leopards d'or, armez & lampassez d'azur (autres disent à 3. Leopards) lequel 3. l'on dit y auoir esté adjousté par Guillaume le Conquerant, pour la dignité du Royaume qu'il s'estoit acquise : les autres en attribuent l'establissement à Henry 2. du Nom, Roy d'Angleterre, Duc de Normandie, Comte d'Anjou, Touraine & Maine, qui l'emprunta de l'Escu d'Aquitaine ou Guyenne, apres qu'il eut espousé Eleonor Duchesse d'Aquitaine & Comtesse de Poictou, premiere femme de Louys le jeune Roy de France, qui luy donna libelle de diuorce à son retour de Palestine. Quant à celles d'Escosse elles estoient d'antiquité d'or au Lyon de gueules sans aucune autre difference telles que les portoit le Roy Fergus, iusques au temps du Roy Achaius, lequel ayant l'an 809. fait alliance & ligue offensiue & deffensiue d'homme à homme, & de Royaume à Royaume auec Charlemaigne & ses successeurs Roys de France à perpetuité contre tous Roys & Princes, receut en don tant pour luy que sa posterité au Royaume d'Escosse, vn trechoir ou trecheur double fleuronné de France pour renfermer le Lyon de ses armes, & afin de conseruer eternellement la memoire d'vne si estroite confederation, qui fut renouuellee entre Charles 7. Roy de France, & Iacques 1. du Nom, Roy d'Escosse, lors de l'alliance de Marguerite sa fille & Louys 11. Roy de France portant lors le tiltre de Prince Dauphin de Viennois, auquel temps Iean de Stuart Comte de BouKan, Cheualier de l'Ordre du Chardon S. André, que ledit Roy Charles fist Comte d'Eureux, merita porter au quartier d'honneur de son Escu, de France à la bordure componnee d'or & de gueules : les Armes des Stuarts sont d'or à la face echiquetee d'argent & de sable de 4. traicts que les Comtes de Lenox Barons d'Arley, escarteloient d'argent au sautoir de gueules cantonné de 4. rozes de mesme qui est de Drugel. Les Roys de la Grand Bretaigne portent les quartiers cy-dessus, comme Seigneurs des terres representees en ces blasons horsmis les Armes de France, lesquelles le Roy Edoüard 3. fondateur de l'Ordre de la Iartiere de S. Georges, s'attribua l'an 1316. lors de ses pretentions, contre l'authorité de la loy Salique fõdees sur ce qu'il estoit descendu d'Edoüard 2. qui auoit espousé en Feurier 1308. Isabeau de Frãce fille du Roy Philippes le Bel, lesquelles pourtant le susdit Roy Edoüard 3. s'obligea quitter auec la qualité de Roy de France au Traicté de Bretigny prés Chartres, qui fut conclu le 8. May 1360. entre leurs Majestez de France & d'Angleterre, par la vigilance de Iean Cardinal de Perigort, d'André de la Rocque Abbé de Cluny, du depuis Cardinal de Hugues de Geneue, Seigneur d'Authun, Cheualier, de Iean de Dormans Esleu Euesque de Beauuais, Chancelier de Normandie, de Iean de Melun Comte de Tancaruille, Connestable & Chambellan dudit Duché de Normandie, de Iean le Maingre Seigneur de Bouciquault Mareschal de France, de Charles Seigneur de Montmorency, Cheualier, Chambellan, grand Panetier & Mareschal de France, de Simon de Langres Docteur en Theologie, & General de l'Ordre des freres Mineurs, de Pierre d'Angennes Chanoine de l'Eglise Cathedrale de Chartres, de Iean des Mareis Aduocat general au Parlement de Paris, d'Erart de la Tour Seigneur de Vinay, de pierre Seigneur d'Aumont, de Gaucher de Lor, de Raoül de Renenal, de Saquet, de Blaru de Regnaud de Gouillons, de Guichard d'Engle tous Cheualiers de Iean Grolee, de Simon de Bucy, d'Estienne de Paris, de Pierre de la Charité Conseillers, de Iean Maillard, de nation Françoise, de Henry Duc de Lenclastre, d'Edmont Comte de Northanton, de Leonnel Comte de Vuaruic, de Roger Comte de Suffole, de François Vicomte de la Loüel, de Regnaud de Celestan, de Gaultier de Mauny, de Denys Seigneur de Morebecque en Artois, de Regnaud de Cobehan, de Barthelemy de Gurghassch, de Franc de Hale Cheualiers bannerets de Miles de Stapleton, de Richard de la Vache & de Noël Loreng Cheualiers Anglois, tous generalement deputez à cét effet par le Pape Innocent 6. natif de Limousin, premierement Euesque de Clermont & Cardinal d'Ostie, lors nomme Estienne Aubert qui procura ceste paix, comme pere commun des Chrestiens, en suitte de la sanglante bataille de Poictiers, qui fut liuree entre Iean Roy de France & Edoüard d'Angleterre Prince de Galles le 19. Septembre 1356.

F ff   2. Cesar

104

2. CEsar de Bourbon Duc de Vendofme, d'Eftampes & de Beaufort, Pair de France, Comte, de Bufinçois, Baron de Preuilly & Seigneur de Mailly, Cheualier des 2. Ordres du Roy Gouuerneur & Lieutenant general pour fa Majefté au Duché de Bretaigne, fils naturel de Henry le Grand, Roy de France & de Nauarre, & de Gabrielle d'Eftree Duchesse de Beaufort & Marquife de Mouceaux, fille d'Antoine d'Eftree Marquis de Cœuures, 1. Baron & Senefchal de Boulonnois, Cheualier des 2. Ordres du Roy, Grand Maiftre de l'Artillerie, Gouuerneur de Paris & Ifle de France, forty de Iean d'Eftree Seigneur du Vallier (de la defcente de Raül d'Eftree Marefchal de France, fous le reigne du Roy Philippes 3. furnommé le Bel) & de Catherine de Bourbon fille de Iacques de Bourbon & de Vendofme, Seigneur de Bonneual, fils naturel de Iean 2. du Nom Comte de Vendofme, & fœur de Louys d'Eftree tué au fiege de Laon, de François Annibal d'Eftree Marquis de Cœuures, General des armees du Roy en la Valteline, honoré d'vn Breuet de Marefchal de France, de Diane d'Eftree femme de Iean de Mont luc Seigneur de Balagny Comte d'Orbec, Prince de Cambray Marefchal de France de la Maifon de Montluc en Gafcoigne qui porte les Armes de Sienne, fçauoir d'azur à la Louue d'or que receut Blaife de Montluc, Cheualier de l'Ordre du Roy, & Marefchal de France (frere de Iean de Montluc Euefque de Valence, Prelat renommé pour fes negotiations) en memoire de l'affiftance qu'il auoit preftee au peuple de Sienne contre les efforts de l'Empereur Charles 5. d'Angelicque Abbeffe de Maubuiffon, de Iulienne-Hyppolite femme de Georges de Brancas Seigneur de Villars, Gouuerneur du Haure de Grace, frere d'André de Brancas auffi Seigneur de Villars, Admiral de France, puifnez de la Maifon des Barons d'Oyfe & Cerefte en Prouence, fortis autresfois de Naples de la defcente des Roys d'Albanie, dont ils ont retenu iufques à prefent les Armes, & de Françoife femme de Charles Comte de Sanzay de la defcente d'Albon Comte de Poiftou. Monfieur le Duc de Vendofme cy deffus, efpoufa à Fontainebleau en Iuillet 1609. Françoife de Lorraine fille vnicque & heritiere de Philippes Emanuel de Lorraine Duc de Mercœur, Pair de France, Prince du S. Empire, Marquis de Nomeny, Cheualier des 2. Ordres du Roy, Gouuerneur de Bretaigne & Lieutenant general pour l'Empereur Rodolphe en Hongrie, fils de Nicolas de Lorraine Comte de Vaudemont & Duc de Mercœur, Prince de l'Empire, frere puifné de François Duc de Lorraine & de Bar, defcendus d'Antoine Duc de Lorraine, & de Renee de Bourbon cy-deffus remarquee: pareillement fille & heritiere de Marie de Luxembourg Duchesse de Ponthieure, Marquife de Baugey, Vicomteffe de Martigues, Dame d'Anet & d'Yury, fille vnicque de Sebaftien de Luxembourg Duc de Ponthieue, Pair de France, Vicomte de Martigues de la branche de Luxembourg Martigues, puifnee de celle de S. Paul, dont eftoit iffue Marie de Luxembourg Comteffe de S. Paul & de Soiffons, qui efpoufa François de Bourbon Comte de Vendofme : Il porte pour Armoiries l'Efcu de fon appennage qui eft de Bourbon Vendofme, fçauoir d'azur à 3. fleurs de Lys d'or, le bafton de gueules pery en cottice chargé de 3. Lyons d'argent, cy-deuant il portoit de Bourbon le bafton commençant au cofté feneftre de l'Efcu, du depuis il efcartela de Bourbõ & de Bourbon-Vẽdofme, & maintenant il s'arrefte au nom & Armes des Comtes & Ducs de Vendofme puifnez de la Maifon de Bourbon : Il fut fait Cheualier de l'Ordre du S. Efprit au Chapitre tenu par le Roy Louys 13. aux Auguftins à Paris, le dernier iour de l'an 1619. la Ducheffe fon Efpoufe porte pareilles Armes contrepartyes de l'Efcu de Lorraine Mercœur qui eft couppé de 8. pieces, 4. en chef & 4. en pointe, en la 1. du chef facé d'argent & de gueules de 8 pieces qui eft de Hongrie en la 2. d'azur femé de fleurs de Lys d'or & au lambeau de 3. pieces de gueules en chef qui eft d'Anjou-Naples en la 3. d'argent à la croix potencee d'or cantonnee de 4. croix couppees de mefme qui eft de Hierufalem, en la 4. d'or au pal de 4. pieces de gueules qui eft d'Arragon, en la 1. de la pointe d'azur femé de fleurs de Lys d'or à la bordure de gueules qui eft d'Anjou, en la 2. d'azur au Lyon contourné d'or, armé, lampaffé & couronné de gueules qui eft de Gueldres en la 3. party d'or au Lyon de fable, armé & lampaffé de gueules qui eft de Flandres en la 4. d'azur à 2. Bars addoffez d'or, dentez & allumez d'argent, l'Efcu femé de croix recroizees au pied fiché d'or qui eft de Bar, & fur le tout d'or à la bande de gueules chargee de 3. Allerions d'argent qui eft de Lorraine, & pour brizeure vn lambeau d'azur de 3. pieces pofé en chef : autres difent pofé en face & encores de gueules

3. ALexandre de Bourbon Cheualier & Grand Prieur de France de l'Ordre de S. Iean de Hierufalem, Abbé de Marmouftier, fils naturel du Roy Henry le Grand, & de Gabrielle d'Eftree Duchesse de Beaufort, porte de Bourbon qui eft d'azur à 3. fleurs de Lys d'or 2. & 1. le

baston de gueules pery en cottice commençant au costé senestre de l'Escu au chef de gueules chargé d'vne plaine croix d'argent qui est de Malte: Il fist profession de l'Ordre de Malte en l'Eglise du Téple à Paris (lieu dependant de cét Ordre) l'an 1604. entre les mains du Seigneur de Guerchy lors Grand Prieur de France: Il fut premierement Grand Prieur de Thoulouse & General des Galeres de la Religion de Malte: Les Cheualiers de ceste Milice s'appelloient du commencement Cheualiers Hospitaliers de S. Iean Baptiste, iusques en l'annee 1308. qu'ils s'emparerent de l'Isle de Rhodes, auquel temps ils s'intitulerent Rhodiens iusques en l'an 1521. que Sultam Solimam Empereur de Constantinople de la race des Turcs, Ottomans, prist ceste Isle laquelle fut valeureusement deffenduë par Philippes de Villiers de la Maison de l'Isle Adam, Cheualier François, recommandable vers la posterité, qui portoit vn Escu couppé de 8. pieces en la 1. de Villiers, qui est d'azur au chef d'or chargé d'vn dextrochere d'azur habillé d'hermines au fanon de mesme, descendant sur le tout frangé de sinople en la 2. de Neele-Clermont qui est de gueules à 2. Bars addossez d'or l'Escu semé de treffles de mesme en la 3. d'Espinay, qui est d'argent au Chevron d'azur chargé de 11. bezans d'or, telles que les porte aujourd'huy Timoleon d'Espinay Seigneur de S. Luc Comte d'Estelan, Baron de Creuecœur & d'Annet, Pair & Chastelain de Chambresis, Cheualier des 2. Ordres du Roy, Capitaine de 100. hommes d'Armes de ses Ordonnances, Gouuerneur de Broüage & Isles de Xaintonge, Mareschal des Camps & Armees de sa Majesté en la 4. de Mions-Lambert, Maison antienne en Dauphiné, qui est vn Escu couppé facé en chef d'argent & de sable de 6. pieces, & la pointe d'argent en la 1. de la pointe de Souuré qui est d'azur à la bande d'or de 5. pieces, desquelles Armes est de present chef Gilles Seigneur de Souuré, Marquis de Courtenuaux, Cheualier des 2. Ordres, Lieutenant general pour le Roy en Touraine, Mareschal de France, pere de Iean de Souuré, Marquis de Courtenuaux, aussi Cheualier des 2. Ordres, premier Gentilhomme de sa Chambre, Gouuerneur de Touraine, de Gilles premierement Euesque de Cominges & du depuis d'Auxerre, Abbé de S. Florét prés Saumur & de S. Calais en Vendosmois, de Henry Seigneur de Renoüard & de Louys Cheualier de Malthe, de Marie femme de Louys de Lusignan & de S. Gelais, Seigneur de Lansac, fils de Louys Baron de la Motthe S. Eraye, & Seigneur Presli, Cheualier des 2. Ordres du Roy, & Cheualier d'honneur de la Royne Catherine de Medicis, & de Catherine de Rafin. Pothon, de Xaintraille, de Marguerite Abbesse de Preaux, & de Magdaleine femme de Philippes-Emanuel de Laual, Marquis de Sablé, fils d'Vrbain de Laual, Seigneur de Boisdauphin Comte de Bresteau, Seigneur de Precigny d'Aulnay, Loüeille & sainct Aubin, Cheualier des 2. Ordres du Roy, Mareschal de France, fils de René 2. du Nom, Vicomte de Bresteau, & de Ieanne de Lenoncourt fille de Henry Seigneur de Lenoncourt, Baron de Vignory, Seigneur de Bandricourt en Champaigne, & de Coupeuray en Brie, fils de Iean Seigneur de Boisdauphin, descendu de René Seigneur de mesme lieu, fils aisné de Thibaud Seigneur de S. Aubin, frere aisné de Iean Seigneur de Brie, & de Ieanne qui espousa Pierre de Hericon Seigneur du Plessis-Benard, & du depuis Ioachim Sanglier Seigneur de Boisrogues, pere de Gilles & ayeul de Renee femme d'Antoine de Sillens, Baron de Creully, pere d'Antoine 2. du Nom, Baron de Creully, qui a espousé Syluie de Rohan sœur de Hercules de Rohan Duc de Montbazon, & Comte de Rochefort, pere & mere d'Antoine Seigneur de Sillens, & de Charles Abbé de Breau, & de Catherine de Laual femme de Claude de Chastillon Baron d'Argenton, pere de Gilles & ayeul d'André de present Baron d'Argenton, de Françoise de Laual femme d'Edmond de Bueil Baron de Marmande, Seigneur de la Roche & de Faye, qui accompaigna le Roy Charles 8. au voyage de Naples, pere d'Isabeau heritiere de Marmande & de Faye, femme de Ioachim Gilliet Seigneur de Puigarreau, duquel descendit René Baron de Puygarreau & Seigneur de Marmande, Faye la vineuse & Sceaux en Anjou, pere de Bonauenture Baron de Puygarreau, Cheualier & Maistre d'Hostel ordinaire du Roy, de la descente duquel est de present Vrbain Gillier & de Puygarreau Baron de Marmande qui a espousé Marie Chabot fille de Leonor Chabot Baron de Iarnac, & de Guyonne de Laual femme de François du Plessis Seigneur de Richelieu, de la descente de Geoffroy Seigneur du Plessis, qui espousa Perrine de Cleréband fils de Sauuage du Plessis, & d'Isabeau fille de Pierre Seigneur de la Motte-au grain, descendu d'Arnoül Seigneur du Plessis, qui viuoit l'an 1226. de François cy-dessus descendit François 2. du Nom qui espousa Françoise le Roy, fille de Guyon le Roy Seigneur du Chillou, Vice-Admical, General de France, sœur de Nicolle, femme de François de Rafin Pothon de Xaintraille, Seneschal d'Agenois de la descente nom & Armes de Pothon, de Xaintraille, Grand Escuyer de France, qui se signala contre les Anglois au siege d'Orleans, du temps du Roy Charles 7. & en 2. nopces, d'Arcus

Gggg   de Costé,

de Cossé, Baron de Gonnor, Mareschal de France, descendu du Tige de Guillaume le Roy, Seigneur de Chauigny, & de Ieanne de Dreux Princesse de la Maison Royalle de France ; de François 2. sortit Louys Seigneur de Richelieu, frere aisné de François tué au lict d'honneur au siege du Haure de Grace, de Iacques Euesque de Luçon, & de Iean Abbé de Nieul & de Coussay, de Louys & de Françoise de Roche-choüard fille d'Antoine de Roche-choüard, Seigneur de S. Amand, Seneschal d'Agenois descendit François Seigneur de Richelieu, Cheualier des 2. Ordres, Grand Preuost de France, & Capitaine des Gardes du Corps de sa Majesté, duquel & de Magdaleine de la Porte de la Maison des antiens Barons de Vezins en Anjou, sœur de François de la Porte, Cheualier & Commandeur de l'Ordre de S. Iean de Hierusalem, & Gouuerneur des ville & Chasteau d'Angers, sont issus Henry du Plessis Seigneur de Richelieu, Mareschal de Camp, Alphonse de l'Ordre des Peres Chartreux, nommé Archeuesque d'Aix, Armand Conseiller d'Estat, Cardinal de Richelieu & Comte de Limours, Françoise femme de Iean de Beauueau Seigneur du Pinpean & en 2. nopces de François Seigneur du Pont de Courlé & Nicolle féme d'Vrbain de Maillé Marquis de Brezé en la 2. de Pelleué qui est de gueules à la teste humaine d'argent cheuelee d'or telles que les portoit Guillaume de Pelleué Seigneur de Cardy, lors qu'il assista l'an 1067. Guillaume Duc de Normandie, en la conqueste d'Angleterre qui l'honora en recompense de ses seruices d'icelle Seigneurie de Cardy, situee audit Royaume d'Angleterre & du commandement sur douze cents lances au Duché de Normandie, predecesseur de Robert Seigneur de Pelleué (la sœur duquel nommee Cecile, fut alliee en la Maison de Villiers) duquel descendit Richard de Pelleué Cheualier Seigneur d'Aubigny, qui viuoit l'an 1191. pere de Simon aussi Seigneur d'Aubigny, ayeul de Guillaume Cheualier de l'Ordre de la Genette, bisayeul de Iean trisayeul de Pierre, & pere de Thomas Cheualier, qui espousa Guillemette d'Octeuille desquels sortirent 5. fils, sçauoir Iacques de Pelleué, Robert Seigneur d'Aubigny, & de Caly Maistre des Requestes de l'Hostel de sa Majesté, Thomas Seigneur d'Amayé qui espousa Ieanne de Malherbe, Iean Seigneur de Pelleué qui espousa Françoise du Bois de l'Espine, & Iean de Pelleué 5. fils du mesme nom que son frere, de Robert Seigneur d'Aubigny, sortit Iacques Seigneur de Cully qui espousa Auoye de Clermont d'Amboise, pere & mere de Guillaume Seigneur de Cully (frere aisné de Louys Seigneur d'Aubigny) qui de Marguerite de Clairecertain delaissa Oliuier Seigneur de Cully, Charles Seigneur d'Aubigny & 4. filles alliees és Maisons de Bourrauuille, Brotonne de Gorges & de Glatigny, de Thomas Seigneur d'Amaié, chef de la 2. branche, sortit Charles Seigneur de Iouy, Rebaye, Tanieres, Beiu & la Tour Cheualier qui espousa Helaine de Fay, les Armes de laquelle qui sont d'argent semees de fleurs de Lys de sable, sont retenues par ses descendants, de ceste alliance sortirent 6. fils, sçauoir, Iean Seigneur de Iouy, Cheualier de l'Ordre du Roy, qui eut de Renee de Bonnery, Françoise de Pelleué alliee en la Maison d'Estrumel, & Roberde en la Maison de Veraumes, le 2. Robert Euesque de Palmiers, Nicolas Conseiller d'Estat Cardinal du Siege Apostolique, surnommé de Pelleué, Archeuesque de Sens, Primat des Gaules & de Germanie, & par dispense Euesque d'Amiens, Gilles Seigneur de Rebaye, Cheualier de l'Ordre du Roy, pere de Philippes aussi Seigneur de Rebaye, Charles Seigneur de la Tour, pere de Iean Seigneur du Saulcé qui a 3. fils de Charlotte Dame de Tourny, & Nicolas Seigneur de Tanieres 6. fils, de Iean Seigneur de Pelleué, chef de la 3. & derniere branche sortirent 3. fils, sçauoir, Vuast Seigneur de Tracy & du Quesné, Richard aussi Seigneur de Tracy, & François Seigneur de Coluain & 5. filles alliees és Maisós d'Aigneaulx de Bonfossé, du Mesniluité & de Secqueuille, la 5. fut Abbesse de Cordillon, de Richard Seigneur de Tracy 2. fils, & de Louyse du Gripel descendirent 3. fils, sçauoir, Iean Seigneur de Pelleué qui espousa Marie Dame de Iouuy, Richard 2. du Nom, Seigneur du Quesné, & Henry Baron de Flers, Cheualier de l'Ordre du Roy, duquel, & de Ieanne de Grosparmy sortirent 2. fils, Nicolas Comte de Flers Chastelain de Condé Surnoireau, Cheualier de l'Ordre du Roy, & Gentilhomme ordinaire de sa Chambre, & Iean Baron de Tracy Maistre de Camp és Armees du Roy, de Nicolas Comte de Flers & d'Isabeau de Rohan fille de Louys de Rohan Prince de Guimenay & Comte de Montbazon, Seneschal d'Anjou & de la Fleche, & d'Eleonor de Rohan fille de François Seigneur de Gié, l'vn & l'autre de la descente de Iean 2. du Nom, Vicomte de Rohan, & de Ieanne de Nauarre & d'Eureux fille de Philippes 3. du Nom, Roy de Nauarre & Comte d'Eureux, & de la Royne Ieanne de France fille de Charles le Bel Roy de France & de Nauarre, sont issus Louys de Pelleué Comte Flers, Cheualier de l'Ordre du Roy, & Capitaine de 50. hommes d'Armes de ses Ordonnances, & Pierre Baron de Tracy Seigneur du Quesné, Clery, la Landelle, Calligny des Bots, Cerisy & la Qui-

quiere & Renee femme de Taneguy d'Oliencon Seigneur de possé & de S. Germain : En la 3. de la Dangie qui est d'hermines au chef en endenché d'azur chargé de 3. pommes de Pin d'or (qui est l'Escu de l'vne des branches de la Maison de Maigre Bouciquault) lesquelles Armes se voyent en diuers lieux de la ville de Nantes, & quand au chef qui estoit l'antien Escu de ceste Maison, tel que le portoit Ioseph creé premier Seigneur de la Dangie, par l'alliance qu'il fist auec Gillette de Bretaigne Princesse de la descente de Salomon Roy de Bretaigne, qui viuoit du temps de l'Empereur Charles le Chauue & augmentees de l'Escu d'hermines l'an 1258. par Iean 2. du Nom, Duc de Bretaigne & Comte de Richemont, Pair de France, en faueur de Richard 2. du Nom, Seigneur de la Dangie, predecesseur de Richard 6. aussi Seigneur de la Dangie, Cheualier de l'Ordre de l'Espy, Conseiller d'Estat, & principal entremetteur auec Iean de Chalon Prince d'Orenge, de l'alliance d'entre Charles 8. Roy de France, & Anne Duchesse de Bretaigne, des descendants duquel estoit Iean Seigneur de la Dangie, Directeur des finances au ressort de Normandie, lequel epousa Catherine le Brun, fille de Germain le Brun Seigneur de Salenelles, Breuille, Beuzeual & Venoix; Maison de preset alliee des Barons de Mailloc, desquels descendit Richard Seigneur d'Agy & de Renchy, lequel d'Anne de Suhart fille de Cristophle de Suhart Seigneur de Croy, d'Anseruille & l'Aunay, laissa 3. fils, sçauoir, François Seigneur d'Agy, Hermanuille & Noron, qui espousa Marie de Hericy Dame de Ragny, de la Maison des Barons de Preaux & Mombré Seigneurs de Pont-pierre, pere & mere de François 2. du Nom, Seigneur d'Agy, qui auoit pour femme Rachel de Vally sœur de Iacques de Vally Seigneur de la Forest, du Guast & de Touchet, Baron de Bressé, desquels est issu Gabriel Seigneur d'Agy) Georges Seigneur d'Anglecuille, & de Chrystophle Seigneur de Ranchy, 3. fils qui espousa Elizabeth de Thiou, sœur de Louys de Thiou, Seigneur de Rucqueuille Vausieu, Martragny & Quaisnet, & de Iosias Seigneur de la Liserne, mort au lict d'honneur au siege de Roüen, desquels sont descendus Mathieu de la Dangie Prieur de Port-bail, Charles Seigneur de Renchy & Bernardin Seigneur d'Anglecuille, en la 4. d'Auerton qui est de gueules à vne iumelle de 3. pieces d'argent, telles que les porte François d'Auerton & de Serillac, Seigneur de Belin, Baron de Milly, frere de Marguerite femme de Claude Gruel Seigneur de la Frette, de la Ventrousse & du Fouillet, & de Françoise femme de François Vaucquelin Seigneur de Sacy, Baron de Bosoches Bailly d'Alençon, fils de Nicolas Vaucquelin Conseiller d'Estat, & Aduocat general du Roy au Parlement de Normandie, descendus de François d'Auerton 1. du nom, Seigneur de Serillac & de Belin Conseiller d'Estat, Cheualier des 2. Ordres du Roy, Capitaine de 50. hommes d'Armes de ses Ordonnances, Gouuerneur de Paris & de Han, & sur tout de Veriguy qui est de sable à la Croix florencee d'argent cantonnee de 5. coequilles d'or, lesquelles Armes sont passees en la Maison de Turgot, par l'alliance d'Elizabeth de Veriguy auec Claude Turgot Seigneur des Tourailles & de la Londe, Cheualier de l'Ordre du Roy, & Gentilhomme ordinaire de sa Chambre, de l'antienne Maison de Turgot en Bretaigne, de laquelle sont de present Iacques Turgot Seigneur de S. Clair, Bons & Mesnil-gondoüin, Conseiller du Roy en ses Conseils d'Estat & priué, & Maistre des Requestes de l'Hostel de sa Majesté, & les Barons de Soliers Seigneurs de Rochefort & Lanteil party de Grimoult, selon quelques-vns, qui sont des Armes des antiens Seigneurs du Plessis Grimoult, desquels sont descendus les Seigneurs de la Motthe Grimoult. Apres la perte de l'Isle de Rhodes l'Empereur Charles 5. donna aux Cheualiers de cét Institut, l'Isle de Malthe en Sicile, signalee par les miracles que sainct Paul y a fait esclatter, lesquels ont tousiours porté pour Armes de gueules à la croix plaine d'argent, & pour marque de Cheualerie vne croix neillee en esmail blanc à 8. poinctes pour representer les 8. beatitudes celestes, representees en S. Mathieu.

4. HEnry de Bourbon Marquis de Verneüil, Euesque de Mets, Prince de l'Empire, Abbé de S. Germain des Prez, fils naturel du Roy Henry le Grand, & de Henriette de Balsac, Marquise de Vernüeil, fille de François de Balsac Seigneur d'Entragues, Marcoussis & du Bois-Malherbes, Cheualier des 2. Ordres du Roy, & Gouuerneur d'Orleãs, qui portoit d'azur à 3. sautoirs d'argent 1. & 1. au chef d'or chargé de 3. sautoirs accostez d'azur, pere de Charles Seigneur d'Entragues, Cheualier des 2. Ordres, & fils de Pierre de Balsac aussi Seigneur d'Entragues, & d'Anne fille de Louys de Grauille Admiral de France : Il porte pour Armoiries de Bourbon qui est d'azur à 3. fleurs de Lys d'or & au baston de gueules pery en cottice commençant au costé senestre de l'Escu. Il fut pourueu à l'Euesché de Mets, à cause duquel il porte qualité de Prince du sainct Empire, par le Pape Paul 5. à l'instance du Roy dernier deffunct, apres le decez d'Anne d'Escars Cardinal de Giury Euesque du lieu, & fut nommé par le Roy de present regnant l'an 1614. à l'Abbaye de S. Germain, faulbourg de Paris.

H h h   1. Antoine

108

1.   ANtoine de bourbon Comte de Moret & Abbé de S. Estienne de Caen, fils naturel du Roy Henry le Grand, & de Iacqueline de Bueil Comtesse de Moret, de la Maison des Comtes de Sancerre, descendus de Louys Comte de Sancerre, Connestable de France, predecesseur de Iean Comte de Sancerre, Admiral de France, pere d'Antoine Seigneur de Bueil & Comte de Sancerre qui espousa Ieanne legitimée de France, fille naturelle du Roy Louys 11. desquels descendit Iacques pere de Louys Comte de Sancerre, Baron de Chasteaux & de Fontaines, Seigneur de Racan, Capitaine de 100. Gentilshommes de la Maison du Roy, Grand Eschançon de France, qui auoit pour fils aisné Iean Comte de Sancerre & de Maran, Baron de Chasteaux, Seigneur de Vuilly, Beaulieu & Val-Ioyeux, Cheualier des 2. Ordres du Roy, Grand Eschançon de France : Il porte pour Armoiries de Bourbon qui est d'azur à 3. fleurs de Lys d'or, 2. & 1. & au baston de gueules pery en cottice, commençant au costé senestre de l'Escu : Il fut premierement pourueu de l'Abbaye de Sauigny, & du depuis l'an 1613. succeda à l'Abbaye de Caën (qui est de la fondation de Guillaume le Conquerant Roy d'Angleterre, Duc de Normandie, & Comte du Maine) par la demission de Charles d'O Seigneur de la Ferriere.

2.   CAtherine Henriette legitimée de France, fille naturelle du Roy Henry le Grand, & de Gabrielle d'Estrée Duchesse de Beaufort, espousa eu Ianuier l'an 1919. Charles de Loraine 2. du Nom Duc d'Elbeuf, Pair de France, Cheualier des 2. Ordres du Roy, fils aisné de Charles Duc de Lorraine 1. du Nom aussi Duc d'Elbeuf & Comte de Harcourt, Cheualier des mesmes Ordres (descendu de René Marquis d'Elbeuf 7. fils de Claude 1. Duc de Guyse, & d'Antoinette de Bourbon) & de Marguerite Chabot 3. fille & heritiere (auec ses sœurs Catherine Chabot qui espousa Guillaume de Saulx Seigneur de Tauanes, fils aisné de Gaspard Seigneur de Tauanes, Mareschal de France, de Charlotte Chabot femme de Iacques le Veneur, Comte de Tillieres, Cheualier des 2. Ordres, fils aisné de Tanequy Seigneur de Carouges, Cheualier des mesmes Ordres, Lieutenant general pour le Roy au Gouuernement de Normandie, pere de Taneguy le Veneur, Comte de Tillieres, Ambassadeur pour le Roy en Angleterre, qui a espousé Catherine de Bassompierre, fille de Christophle Seigneur de Bassompierre, Grand Maistre de Lorraine, & sœur de François Marquis de Bassompierre, Cheualier des 2. Ordres, Colonel general des Suisses, Mareschal de France, de Françoise femme de Henry de Huraut Comte de Chiuerny,

Hhh ij   fils de

fils de Philippes Huraut Comte de Chiuerny , & de Limoux Gouuerneur d'Orleans, Orleanois, pais Chartrain, Blaiſois & Loudunois. Conſeiller du Roy en ſes Conſeils, Cheualier, Chancelier de France & des 2. Ordres de ſa Majeſté, & Leonor femme de Chriſtophle de Rié Comte de Varas) de Leonor Chabot Comte de Charny & de Buſançois , Grand Eſcuyer de France, veuf de Claude Gouffier fille de Claude Gouffier Marquis de Boiſy & Comte de Carauas auſſi grand Eſcuyer de France, & de Iacqueline de Longuy fille de Philippes de Longuy, Seigneur de Giury, de Paigny & de Mirebeau , frere aiſné de François Chabot Marquis de Mirebeau , & Baron de Brion , Cheualier des 2. Ordres du Roy, pere de Iacques auſſi Marquis de Mirebeau , & Seigneur de Fontaine-Françoiſe, Conſeiller d'Eſtat , Cheualier des 2. Ordres du Roy , Maiſtre de Camp du Regiment de Champaigne, Lieutenant general pour le Roy en Bourgongne , & de Charles Seigneur de Beaumont , & fils de Philippes Chabot Baron de Brion , Comte de Neufue-blanche, Cheualier des Ordres de France & d'Angleterre, Admiral de France & de Bretaigne, Gouuerneur de Bourgongne, frere puiſné de Charles Chabot Baron de Iarnac (deſcendus de Iacques fils de Regnault Seigneur de Iarnac, auſſi fils de Louys, & de Marie de Craon de la Maiſon des Vicomtes de Chaſteaudun) duquel & de Ieanne de S. Gelais deſcendit Guy-Charles Baron de Iarnac qui ſe ſignala en combat ſingulier en Camp clos, contre François de Viuonne Baron de la Chaſtaigneraye, à S. Germain en Laye le 10. Iuillet 1547. de l'authorité du Roy Henry 2. qui honora ce Tournoy de ſa preſence de la deſcente de Charles de Viuonne 1. du Nom , Seigneur de la Chaſtaigneraye, fils d'André de Viuonne, Chambellan du Roy Louys 11. & Seneſchal de Poictou (arriere fils de Sauary Seigneur de la Chaſtaigneraye, fils de Germain Seigneur de Viuonne & de la Chaſtaigneraye , Mareſchal de France ſoubs le Roy Charles 7.) & d'Iſabelle Chabot fille de Louys Chabot Seigneur de la Greuë, l'alliance deſquelles Maiſons en ſuitte de ceſte lice a eſté renouuellee en la perſonne de Louys de Viuonne Seigneur de la Chaſtaigneraye, & de Leonor Chabot Comteſſe de Coſnac, fille aiſnee de Leonor Chabot, Seigneur de Iarnac, & de Marie de Roche-chouart fille de Henry Seigneur de Roche-chouart & de Marie de Maricourt (duquel nom & Armes de Roche-chouart, ſont les Seigneurs de Mortemar, ſçauoir Gaſpard de Roche-chouart Seigneur de Mortemar, fils de René Cheualier des 2. Ordres du Roy , deſcendu de François, qui de Louyſe Comteſſe de Maure , fille & heritiere de Charles Comte de Maure, vefue d'Odet de Matignon Comte de Thorigny , Cheualier des 2. Ordres, Mareſchal de Camp és Armées du Roy , & Lieutenant general pour ſa Majeſté au Gouuernement de Normandie, frere aiſné de Charles auſſi Seigneur de Matignon Prince de Mortaigne, & Cheualier des 2. Ordres du Roy, a eu Gabriel de Roche-chouart Marquis de Luſſie, & Louys Comte de Maure) de preſent vefue de Iacques de Harcourt Marquis de Beuuron, de l'antienne Maiſon de Harcourt, frere aiſné de Charles de Harcourt Comte de Croiſy, de François de Harcourt Marquis de la mothe & Baron de Meſnibuc, de Guy Baron de Sierry & de Beuuron, Gouuerneur de Fallaize & d'Odet Baron de Varauille, maintenant Comte de Croiſy , tous deſcendus de Pierre de Harcourt Seigneur de Beuuron & de la Motte , Cheualier de l'Ordre du Roy , & Gentilhomme ordinaire de ſa Chambre, & de Gillon de Matignon fille de Iacques Seigneur de Matignon Comte de Thorigny , Cheualier des 2. Ordres , Lieutenant general pour le Roy en Guyenne , Mareſchal de France, & de Françoiſe de Daillon de la Maiſon des Comtes du Lude en Anjou. Monſieur le Duc d'Elbeuf cy-deſſus, fut faict Cheualier de l'Ordre du ſainct Eſprit par le Roy Louys 13. le dernier iour de l'an 1619. lequel a pour frere puiſné Henry de Lorraine Comte de Harcourt, & pour ſœur Claude-Eleonor de Lorraine femme de Louys Duc de Roüanois, Pair de France & Comte de Mauleurier fils de Gilbert Gouffier Duc de Roüanois , qui auoit pour pere Claude Gouffier , Marquis de Boiſy , Grand Eſcuyer de France, & pour ayeul Artur Comte de Carauas & Eſtampes , Baron de Melieure & de Paſſauant, Seigneur de Bourg , de ſainct Loup & d'Oiron , Cheualier & Gouuerneur de Dauphiné , grand Maiſtre de France , frere aiſné de Guillaume Seigneur de Bonniuet, Gouuerneur de Guyenne, Admiral de France, d'Adrian Cardinal de Boiſy , Legat en France & Eueſque d'Alby d'Aymar Eueſque de Couſtance & Abbé de Cluny, de Louys Abbé de ſainct Maixent, & de Pierre Abbé de ſainct Denys, tous deſcendus de Guillaume Seigneur de Boiſy Chambellan du Roy Charles 7. de Louys de preſent Duc de Roüanois, eſt deſcendu Charles Marquis de Boiſy , qui a pour femme Anne Hennequin , fille de Meſſire Nicolas Hennequin, Conſeiller d'Eſtat, & Preſidét au grand Conſeil du Roy, & ſœur puiſnee de Marie Hennequin, qui a eſpouſé Gilbert Filhet, Seigneur de la Curee & de la Roche turpin, Cheualier des 2. Ordres du Roy, Capitaine de 50. hommes d'Armes , & Mareſchal des Camps & armees de ſa Majeſté : Elle porte l'Eſcu de Lor-

I ii   raine

raine-Elbœuf qui est couppé de 8. pieces, 4. en chef & 4. en pointe en la 1. du chef facé d'argent &
de gueules de 8. pieces pour Hongrie en la 2. d'azur semé de fleurs de Lys d'or au lambeau de gueules de 4. pieces en chef qui est d'Anjou Naples en la 3. d'argent à la croix potencee d'or cantonnee
de 4. croix couppees de mesme qui est de Hierusalem en la 4. d'or au pal de 4. pieces de gueules
qui est d'Arragon en la 1. de la pointe d'azur semé de fleurs de Lys d'or à la bordure de gueules qui
est de la derniere branche d'Anjou en la 3. d'azur au Lyon contourné d'or, armé, lampassé & couronné de gueules pour Gueldres party d'or au Lyon de sable, armé & lampassé de gueules pour
Flandres en la 4. d'azur à 2. Bars addossez d'or, dentez & allumez d'argent, l'Escu semé de croix
recroisees au pied fiché d'or qui est de Bar & sur le tout d'or à la bande de gueules chargee de 3. Allerions d'argent qui est de Lorraine au lambeau de gueules de 3. pieces en chef, & pour brizeure
de la branche de Guyse, vne bordure de gueules, le tout côreparty d'azur à 3. fleurs de Lys d'or 2. &
baston de gueules pery en cottice chargé de 3. Lyons d'argent qui est de Bourbon-Vendosme.

3. **G**Abrielle de Bourbon fille naturelle du Roy Henry le Grand, & de Henriette de Balsac
Marquise de Vernüeil, espousa en Decembre l'an 1622. Bernard de Nogaret 1. Duc de la
Valette, Pair de France, premier Gentilhomme de la Chambre du Roy, 2. fils de Iean-Louys
de Nogaret & de la Valette, Duc d'Espernon, Pair de France, Cheualier des 2. Ordres du Roy,
Colonel general de l'infanterie Françoise, Gouuerneur de Mets, païs Messin & Guyenne, de
mesme nom & sang qu'estoit Fœlix de Nogaret Cheualier, soubs le reigne de Philippes le Bel
& de Marguerite de Foix Comtesse de Candale Estrac & Benauge, Captale de Buch, fille de
Henry de Foix Comte de Candale, qui auoit pour pere Frideric de Foix Comte d'Estrac, Vicom-
te de Castillon & de Meille, & pour ayeul Gaston Comte de Candalle, frere de François de Foix
Euesque d'Aire Prelat associé à l'Ordre du S. Esprit, de mesme descente que François-Phœbus
Roy de Nauarre, Prince de Bearn & Comte de Foix, en laquelle branche de Foix Candale a esté
adopté, Henry de Nogaret de la Valette de present du Nom & des Armes de Foix, frere aisné de
Bernard de la Valette, cy-dessus, & de Louys de Nogaret Cardinal de la Valette, Archeuesque de
Thoulouse : Il porte pour Armoiries vn Escu escartelé au 1. & 4. quartier d'argent au Noyer
de sinople qui est de Nogaret, les antiennes estoient vn Escu vairé au chef d'or chargé d'vne selle
d'azur, telles que les porte la Maison de S. Fœlix, & selon les autres d'argent au Laurier de sinople
qui est l'Escu de la Maison de Valory en Prouëce, brisé d'vn chef d'or & escartelé d'Arlatan descenduë de Taldo de Valory esleu grand Gonfallonnier de Florence l'an 1340. pere de Gabriel Viceroy
de Callabre, sous l'authorité de Louys de Frâce Roy de Naples & de Sicile, Duc d'Anjou & Comte de Prouence, duquel & de Marguerite de Tran, Dame des Chastellenyes de Rongnes & Marignanne sortit Barthelemy de Valory Seigneur Chastelain desdites villes de Roignes & Marignanne prés d'Arles, Maistre d'Hostel de Louys 2. du Nom, Roy de Naples & Sicile, qui fut
pourueu du Gouuernement des Ville & Chasteau d'Angers l'an 1417. par Yolland d'Arragon, vefue doüairiere d'iceluy Roy, & espousa Cesare d'Arlatan fille de Iean d'Arlatan, Cheualier Seigneur de Beaumont, Chasteauneuf & Martegues qui deffit les Cathellans & Arragonnois en Prouence, & portoit de gueules à 3. lozenges d'argent posées en sautoir, duquel mariage sortirent 3.
fils & vne fille, sçauoir, Gabriel Seigneur de Marignanne, premier Escuyer de René d'Anjou Roy
de Naples & de Sicile, Duc d'Anjou & Comte de Prouence, Louys Seigneur de d'Estilly en
Touraine, Lublé, Maigné, la Perriere, la Hegandiere & la Roche, Cudebeuf en Anjou, Conseiller
& Maistre d'Hostel de Charles d'Anjou Côte du Mayne, de Guyse & de Mortaing, qui fut establi
l'an 1437. Gouuerneur de Fourques, Caluisson & Marcillargues en Languedoc, & de la ville &
& Chasteau de Melle en Poictou, lequel espousa Catherine de Brizay, fille de Messire Iean de Brizay, Cheualier Seigneur de Brizay & d'Estilly, descendu par alliance de ses predecesseurs des Maisons de Roche-choüard, la Iaille & Montejan : Hillaire 3. fils estoit Abbé de sainct Hillaire de
la Scelle de Poictiers, & Iehanne fille vnicque femme de Guillaume de Roignes, Eschançon du
Roy Charles 7. Georges Seigneur d'Estilly, Lublé & Maigné, fut estably Gouuerneur de Melle,
l'an 1473. & Espousa Antoinette le Roux fille du Seigneur de la Tour de Meniues descendu de
la Maison de la Roche des Aubiers, & estoit fils de Louys cy-dessus, & frere aisné d'Antoine Seigneur de la Perriere, & pere de Iean Seigneur de d'Estilly, qui fut creé Cheualier par
le Roy Louys douzieme en la bataille qu'il gaigna contre les Venitiens au lieu de d'Aignadel,
& de Renee de Champaigne fille Brandellis de Champaigne, Cheualier Seigneur de Bazoges &
de Broüassin, & de Renée de Varrie de la Maison des Barons de l'isle Sauary en Touraine, pere de

I ii ij   Baudoüin

III

Baudoüin Seigneur de la Suze , & ayeul de Nicolas premier Comte de la Suze (qui espousa Françoise de Laual) de la descente des Comtes de Champaigne, & deuenus Seigneurs de la Suze par l'alliance de leur Maison auec celle d'André de Chauuigny Seigneur de Rethz & de la Suze (fils de
François de Chauuigny Vicomte de Brosse, & d'Anne de Champaigne) qui espousa Louyse de
Bourbon de la branche de Montpensier, desquels descendit Louys aussi Comte de la Suze , Seigneur de la Chappelle-Rainsoüin, Cheualier des deux Ordres du Roy, qui espousa Magdaleine
de Melun Dame de Normanuille , Luminy & du Plessis aux Tournelles, pere & mere d'vn fils
& d'vne fille, sçauoir, de Louys 2. du Nom, Comte de la Suze, qui a pour femme Charlotte de Roye
de la Rochefoucault, de la Maison des Comtes des Roussy, & descenduë en ligne maternelle des
Barons de Biron Gontault , & de Catherine femme d'Amaury de Gouion, Marquis de la Mous-
saye & Vicomte de Tronquedec de la descente d'Estienne de Gouion Gouuerneur de Leon, en
suitte d'Estienne Seigneur de l'Esnerac, & de Bertrand de Gouion Seigneur de Matignon, de mesmes Armes que les Comtes de Torigny, de present Seigneurs de Matignon, Brandellis de Champagne Marquis de Villaines, Cheualier des deux Ordres du Roy, frere puisné de Louys , espousa
Anne de Flechard Dame de Thury, & de la Vieulle au Mayne , & Perronnelle de Champaigne
leur sœur , estoit femme de Iacques Comte de Montgommery Baron de Lorges & de Ducé Seigneur des Roches-Tranchelion, & Gouuerneur de Castres , frere aisné de Gabriel de present
Comte de Montgommery Marquis de Ducé Gouuerneur d'Argenten, de l'Antienne Maison de
Montgommery, d'Ecosse (de mesme Nom & Armes qu'estoit Roger Seigneur de Montgommery
& de Bellesme qui assista Guillaume le Conquerant Duc de Normandie , en la conqueste du
Royaume d'Angleterre) & pere de Iacqueline de Montgommery femme de Iacques de Dure-
fort Seigneur de Duras , Rozam & Puiols , pere d'Alphonce Marquis de Duras qui a espousé
Iulienne de la Tour fille de Henry de la Tour Duc de Büillon Vicomte de Tureine , Mareschal de
France : De Iean Seigneur de d'Estilly cy-dessus, & de Renee de Champaigne sortit Baudoüin
aussi Seigneur de d'Estilly qui espousa Anne de Rillac, fille d'Anthoine Vicomte de Brigueil en laquelle Maison est de present tombee par alliance la Maison de Humieres , pere & mere de Iean
Seigneur de Chantepie tué en la bataille de Coutras, qui espousa Iulienne de la Chaire, & de ceste
alliance est sorty Guy de Valory Seigneur de la Motte, de Sougé & de la Pommeraye , Gentil-
hôme ordinaire de la Chambre du Roy Philippes Seigneur de d'Estilly & de Lublé faict Cheualier
par le Roy Henry 2. en consideration des seruices par luy rendus au siege de sainct Disier en Par-
tois (viuant le Roy François premier) auquel il blessa à mort René de Chalon Prince d'Orenge,
l'Empereur Charles 5. present & estoit frere puisné de Baudoüin qui a laissé de Chatherine de la
Grandiere fille de François de la Grandiere Seigneur de Môtgeoffroy en Anjou, & de Marguerite
de Sarcé (de la Maison de Sarcé alliee de celles de Boisdauphin, Lauardin & Sourré) Anthoine Seigneur de d'Estilly, Gentilhomme ordinaire de la Chambre du Roy qui s'est signalé sous les Armes
du Roy Henry le Grand , & a espousé Marie de Moreau fille de Iacques de Moreau Seigneur du
fueillet, Cheualier de l'Ordre du Roy, & d'Helene de Marec fille de Pierre de Marec Seigneur
de Montbarot Cheualier, descendu d'Allain de Marec Seigneur du Plessis, Ballisson & de Cre-
chen, Chancelier, d'Anne Duchesse de Bretaigne, depuis Royne de France, & de Beatrix d'Acigny , de la Maison des Marquis d'Acigny en Bretaigne , alliee des Maisons de Crecqui , Brissac &
de Coëtquen & sœur de René Seigneur de Montbarrot Gouuerneur de Rennes, de laquelle alliance sont sortis 2. fils & 4. filles, sçauoir Louys Seigneur de Chastelaison , Gabriel Seigneur du
Ridoy, & Renee, Marie, Anne & Marguerite de Valory: François Seigneur de la Gallopiniaire,
frere puisné d'Anthoine 6. Seigneur de d'Estilly, a espousé Marguerite de Villeneufue, fille de René
de Villeneufue Seigneur de Boisf-grolleau, de la Maison des Marquis de Tran en Prouence, pere &
mere de Charles de Valory Seigneur de Lesay, & de François Seigneur des Touches , Louys 3.
frere d'Antoine, estoit Conseiller & Aumosnier du Roy Charles 9. Abbé de Quimperlé en Bretaigne, Hellenus Seigneur de la Roche, Lieutenant de la Compagnie de Cheuaux Legers , de
Louys de Bourbon Prince de Condé, Charles Seigneur d'Orpheilles, & Ieanne femme de Gue-
rin de Clerembault Seigneur de Maurepart, Cheualier de l'Ordre du Roy, descendu du costé maternel de la Maison de Chabot Seigneurs de Iarnac ; De Taldo de Valory qui est pris pour Tronc
de ceste famille est descenduë vne branche aisnee en Italie, de laquelle estoit issu Francisque de
Valory qui fut mis à mort en vne sedition publicque, pour auoir esté le plus apparent partisan &
fauteur de frere, Hieronime Sauanarolle de l'Ordre des freres Prescheurs, duquel estoit descendu
Baccio de Valory Conseiller du Pape Clement 7. de la Maison de Medicis, & son principal depute

Kkk   pour

pour l'accomplissement de la Paix d'entre sa Saincteté sa Maiesté Imperiale & les Florent'ns pere de Philippes & ayeul de Barthelemy Commissaire Apostolique estably l'an 1524. Gonfallonnier de la Republique de Florence, en suitte de neuf de ses predecesseurs honorez en diuers temps de ce souuerain Magistrat auparauant qu'Alexandre de Medicis eust obtenu la souueraine principauté de Toscane, & que le grand Cosme eust esté inuesty de la Seigneurie de florence par l'Empereur Charles 5, duquel Barthelemy descendit Paul de Valory qui espousa Catherine fille de Philippes Strozzy & de l'arriere fille de Laurens de Medicis son espouse, sœur de Pierre Strozzy Mareschal de France, tué au siege de Thionuille, & de Leon Strozzy Cheualier de l'Ordre de S. Iean de Hierusalem & Prieur de Capoüé, de Pierre cy-dessus descendirent 2. enfans, sçauoir, Philippes Strozzy Cheualier des 2. Ordres du Roy, & Colonel general de l'infanterie Françoise, & Alphonsine femme de Scipion de Fiesque Comte de Lauaigne & de Leuoux en Blaisois Baron de Bresuire en Poictou, Cheualier des 2. Ordres du Roy, & Cheualier d'honneur de la Royne Catherine de Medicis de la noble Maison des Fiesca de Gennes, pere & mere de François de Fiesque Comte de Lauaigne occis au siege de Montauban : Party de gueules à la demie croix d'argent qui est de la Valette au chef de gueules chargee d'vne croix potencee d'argent, lequel chef fut adjousté aux Armes de la Valette en suitte de la victoire obtenuë par Iean de la Valette grand Maistre de l'Isle de Malthe le 8. Septembre 1565. sur l'Armee Nauale de l'Empereur Soliman composee de 260. Galeres, l'antien Escu de la Maison de la Valette en Prouence estoit de gueules au Perroquet d'argent, autres disent d'azur à la Teurtre d'argent qui est semblable au blason des Seigneurs de Bomparc du mesme lieu de Prouence escartelé d'argent à 3. trefsles de sinople qui est de Piesdeleu, Maison alliee des Barons d'Aulnay different de celuy que porte la Maison de Bomparc en Languedoc qui est d'azur à 2. Teurtres affrontees d'or becquees & membrez d'argent : Autres Seigneurs du nom de la Valette en Normandie, ont porté d'azur au pal de 3. pieces d'argent à la face en deuise de 2. pieces d'or escartelé de Bernard qui est d'azur à 3. doubles fleurs de Lys d'argent & sur le tout de Forestier Maison descenduë des antiens Forestiers de Flandres qui est d'azur à 3. gerbes d'or, ou selon autre aduis à 3. touffes de bois d'or : & sur le tout des Armes de Nogaret-la Valette, l'Escu de Bellegarde des Armes de son ayeule qui sont d'azur à la cloche d'argent bataillee de sable telles que les porte Roger 1. Duc de Bellegarde, Pair de France, Marquis de Versoy, Cheualier des 2. Ordres du Roy, grand Escuyer de France, Gouuerneur de Bourgongne, frere aisné de Cesar-Auguste de Bellegarde, Baron de Termes, Cheualier des mesmes Ordres, premier Gentilhomme de la Chambre du Roy, mort au lict d'honneur au siege de Clerac au 2. & 3. quartier contr'escartelé au 1 & 4. canton de Foix qui est d'or au pal de 3. pieces de gueules, au 2. & 3. de Bearn qui est d'or à 2. Vaches passantes de gueules, accornées, accollees & clarinees d'azur, les Comtes de Foix escarteloient de Bearn en qualité de Seigneurs, & les Captaux de Buch qui ont receu d'antiquité le priuilege de porter Couronne, auoient pour blason d'or à la croix de sable chargee de 5. cocquilles d'argent, autres disent de gueules à la croix d'argent chargee de 5. cocquilles de sable qui est l'Escu de la Maison de Haruille, de laquelle est chef Claude de Haruille Seigneur de Palaiseau, Cheualier des 2. Ordres du Roy, Gouuerneur de Calais : Les Comtes de Candale descendns d'Angleterre & installez en France par l'alliance de Gaston de Foix Captal de Buch & Vicomte de Castillon auec l'heritiere Comtesse de Candale pere & mere de Iean de Foix Comte de Candale, portoient d'or au pal de 3. pieces de sinople escartelé d'azur à 11. billettes d'argent 4. 3. & 4. qui est d'Herby, pareil Escu que porte la Maison de Beaumanoir, de laquelle estoit chef Iean de Beaumanoir Marquis de Lauardin, Comte de Negreplisse, Baron de Turé, Seigneur de Maré, Assé & Malicorne, Cheualier des 2. Ordres, Mareschal de France, Gouuerneur dn Mayne, de Laual & du Perche, pere de Charles Euesque du Mans, & de Marie femme de Iean du Plessis Marquis de Iarsay Seigneur du Plessis Bourtay & de Roche-pichemer contreparty de Bourbon qui est d'azur à 3. fleurs de Lys d'or, 2. & 1. & au baston de gueules pery en cottice, commençant au costé senestre de l'Escu.

4. **I**Eanne de Bourbon fille naturelle du Roy Henry le Grand, & de Charlotte des Essars, Dame de Romorentin, porte de Bourbon qui est d'azur à 3. fleurs de Lys d'or & au baston de gueules pery en cottice, commençant au costé senestre de l'Escu.

1. Marie de

1. **M**Arie de Bourbon autre fille naturelle du Roy Henry le Grand, & de Charlotte des Essars Dame de Romorentin, porte de Bourbon le baston commençant au costé gauche de l'Escu comme cy-dessus à l'Eloge de sa sœur: Elles sont religieuses, l'vne en l'Abbaye de Chelles, & l'autre à Fonteurand.

2. **H**Enry de Bourbon 2. du Nom, Prince de Condé & de Conty, Souuerain de Bois-belle, Duc d'Anguyen & de Chasteau-roux, premier Pair de France, Comte de Valery, d'Ocual & de Clermont en Beauuoisis, Baron de S. Maur des Fossez, S. Chartier & Bourg de Dol Seigneur de Bretueil & Muret, Cheualier des 2. Ordres du Roy, Gouuerneur & Lieutenant general pour sa Majesté en Berry & Bourbonnois, fils vnique de Henry de Bourbon 1. du Nom, Prince de Condé, & de Charlotte-Catherine de la Trimoüille Dame de Craon, espousa en Iuillet 1609. Charlotte Marguerite de Montmorency de l'antienne Maison de Montmorency (que quelques-vns font descendre de Lisbius de Montmorency Seigneur Gaulois, qui le premier des Gaules se conuertit à la Predication de S. Denys Areopagite, & selon autre opinion elle tire son tige de Lisoye de Mont-Remy, Cheualier François, qui le premier d'entre le peuple de France, receut le Baptesme à Reims des mains de S. Remy, presence du Roy Clouis, l'an 499.) fille de Henry 1. du Nom, Duc de Montmorency, Comte de Dammartin, & d'Alets Baron de Damuille, de Chasteau-briant, Preaux, & la Fere, Seigneur de Chantilly, d'Escoüen, Offemont, Mello & Villiers, Cheualier des 2. Ordres du Roy, Gouuerneur de Languedoc, Lieutenant general pour sa Majesté en Guyenne, Prouence & Dauphiné, premier Baron, Pair & Connestable de France, & de Louyse de Budos sa 2. femme (estant lors veuf d'Antoinette de la March fille aisnee de Robert de la March 4. du Nom Duc de Buillon, Prince souuerain de Sedan, Mareschal de France, & de Françoise de Brezé Comtesse de Mauleurier, descendu de Robert de la March 3. du Nom, aussi Duc de Buillon Mareschal de France, & de Guillemette Sarbruche Comtesse de Braine) fille de Iacques de Budos Vicomte de Portes & Barõ de Tierargues, Cheualier de l'Ordre du Roy, Gentilhomme ordinaire de sa Chambre, & Gouuerneur du Pont S. Esprit (& de Catherine de Clermont fille de Claude de Clermont Baron de Montoison & de Louyse de Rouuroy) fils de Iean de Budos Baron de Portes, qui eut à femme Louyse fille de Pierre de Pourcelet Seigneur de Maillanes, Baron du S. Empire, qui auoit pour pere Thibaud 2. du Nom Baron de Portes, Chambellan du Roy Charles 8. qui espousa Anne de Ioyeuse fille de Tãcguy Vicomte de Ioyeuse & d'Anne de Tournon, sœur de Guillaume Vicomte de Ioyeuse, & de Louys de Ioyeuse Seigneur de Botheon

LII.

qui espousa

qui espousa Ieanne de Bourbon 2. fille de Iean de Bourbon, Comte de Vendosme, &pour ayeul André, 2. du Nom Biron de Budos, & de Portes Gouuerneur de Basas sous l'authorité du dit Roy Charles 6. & Chambellan du Roy Charles 7. & de Cecile de la Fare fille de Guillaume Baron de la Fare & de Montelar, pour bizayeul, Thibault Baron de Portes pour Trisayeul, André pareillement Baron de Portes fils de Raymond-Guillaume Baron de Budos & de Portes Seigneur de Caron & de Lauriol, Gouuerneur d'Auignon, fils de Raymond Baron de Budos, Cheualier, descédu de Pierre de Budos qui viuoit sous le reigne de Philippes le Bel, lequel s'allia d'Anne de Gouth sœur du Pape Clement 5. appellé Bertrand de Gouth, premierement Cardinal & Archeuesque de Bourdeaux, & d'Antoine Seigneur de Gouth pere de Bertrand Vicomte de Lomagne, d'Auuilar, Blancafort, Duras, Montsegur & Puy-Guillaume, & ayeul de Regine de Gouth mariée à Iean Comte d'Armaignac de Rodez & Fezensac, de laquelle deuenu veuf espousa Beatrix de Clermont Comtesse de Charolois, fille de Iean de Clermont Baron de Charolois, & arriere fille de Robert de France Comte de Clermont, fils du Roy S. Louys, de l'Illustre Maison de Budos cy-dessus originaire de Guyenne, est de present chef Antoine Hercules de Budos, Marquis de Portes & Comte de S. Prix, Conseiller d'Estat, Cheualier des 2. Ordres, Gouuerneur & Lieutenant general pour sa Majesté aux Ceuesnes & Geuoudan en Languedoc, Vice-Admiral general de France & de Guyenne, qui a pour freres puisnez Baltazar Seigneur d'Aise, Conseiller d'Estat & Euesque d'Agde & Henry Vicomte de S. Iean & 4. sœurs, sçauoir, Marie femme de Henry Baron de Tournel, Marguerite femme de Charles Comte de Disimieux en Dauphiné, Conseiller d'Estat, Cheualier de l'Ordre du Roy, Gouuerneur de Vienne & Lieutenant general pour sa Majesté au Viennois, pere & Mere entr'autres enfans, d'Antoine Baron de Disimieux, de Henry de Disimieux & de Laurence Religieuse Professe en l'Abbaye de S. Trinité de Caën, de laquelle Laurence 3. sœur est tres-digne Abbesse, l'aisnée qui fait la 4. cy-denāt representee, estoit mere de Henry 2. du Nom, Duc de Montmorency, & de Damuille, Cheualier des 2. Ordres du Roy, Pair & Admiral de France, Gouuerneur & Lieutenant general pour sa Majesté en Languedoc, qui a pour femme Marie-Felice des Vrsins, fille de Virginio des Vrsins & de Fuluia, Perretti niepce du Pape Pie 5. & arrierefille de Paul Iourdain des Vrsins Duc de Bracciano & d'Elizabeth de Medicis, du Nom & Armes de laquelle Maison est de present en Fráce, François des Vrsins Marquis de Trainel, Barō de Nüeilly & Seigneur de Dou: Monsieur le Prince cy-dessus porte les plaines Armes de Bourbon qui sont d'azur à 3. fleurs de Lys d'or 2. & 1. & au baston de gueules pery en cottice sans brocher sur le tout à l'aisnéelle, desquelles il succeda lors de l'aduenement du Roy Henry le Grand à la Couronne de France, puisque *loco primogeniti succedit secundò genitus*, & que le lustre d'vne viue lumiere obscurcit celle qui luy est inferieure, ce qui est dit en consideration de l'Escu de Bourbon obscurcy en la personne du feu Roy par la Majesté de celuy de France : Il fut creé Cheualier & seul Commandeur de l'Ordre du sainct Esprit par le Roy de present reignant, le 17. Octobre l'an 1610. fut pouruen premierement du Gouuernement de Guyenne, & du depuis de celuy de Berry, & de celuy de Bourbonnois, par la demission volontaire de Iean François de la Guiche Seigneur de S. Geran & de Ialligny, Conseiller d'Estat, & Cheualier des 2. Ordres du Roy, Mareschal de France, Madame la Princesse son Espouse porte pareilles Armes contrepartyes de Montmorency qui est d'or à la croix pleine de gueules cantonnee de 16. Allerions d'azur; les Armes de ceste Maison estoient premierement d'or à la croix de gueules que prist Lisoye Seigneur de Montmorency, cy-dessus, lors qu'il fist profession du Christianisme, ausquelles Bouchard 1. du Nom Seigneur de Montmorency, adiousta 4. Aiglons ou Allerions d'azur aux cantons de la Croix pour marque de 4. Enseignes Imperiales qu'il conquist sur l'Armee d'Othon 2. Empereur en Camp de bataille, & depuis Mathieu 2. du Nom, Seigneur de Montmorency, multiplia les mesmes Allerions ou Aiglettes iusques à 16. pour la gloire de 12. autres drappeaux qu'il conquist sur l'Empereur Othon 4. du Nom, à la iournee de Bouines l'an 1214.

3. **C**Atherine de Bourbon Marquise d'Isles & Comtesse de Beaufort, fille de Henry de Bourbon, 1. du Nom, Prince de Condé & de Marie de Cleues Marquise d'Isles, portoit de Bourbon cy-dessus.

Elle deceda l'an 1595. & gist en l'Abbaye de S. Germain des Prez à Paris.

4. **E**Leonor de Bourbon fille de Henry de Bourbon 1. du Nom Prince de Condé, & de Charlotte-Catherine de la Trimoüille Dame de Craon espousa l'an 1606. Philippes-Guillaume

           de Nassau

deNaſſau & de Chalon, Prince d'Orenge, marquis de ter Veer & de fliſſingue, Comte de Naſſau, Catzenelebogen Dieſt, Vianen, Buren, Stalberg & Leerdam, Burgraue d'Anuers & Vicomte de Beſançon, Baron de Breda, Dieſt, Gimberge Aſlay Hertfal Vuarmton, Arquey & Nozeroy, Chaſtellain de Geertuidemberghe & Suualmne Seigneur de Pelane, LecKe, Graue & Ducsburg, Prince du S. Empire, Cheualier de l'Ordre de la Toiſon d'Or, & fils aiſné de Guillaume de Naſſau, & de Chalon, Prince d'Orenge, & d'Elizabeth d'Egmont Comteſſe de Henin, fille & heritiere de Maximilian d'Egmont Comte de Burren & Leerdam, Seigneur d'Iſelſtein, de la deſcente de Floris d'Egmont Comte de Buren, Cheualier de l'Ordre de la Toyſon d'Or, Lieutenant general pour l'Empereur Charles 5. és païs de Flandres, Hainaut, Hollande & Zelande, lequel conuolant en 2. nopces eſpouſa Anne de Saxe fille de Maurice Duc de Saxe, Electeur de l'Empire, qui mourut de la bleſſeure receuë en la bataille qu'il liura contre Albert marquis de Brandebourg, frere puiſné de Ioachim Electeur de l'Empire, puis en 3. nopces Charlotte de Bourbon 5. fille de Louys de Bourbon Duc de Montpenſier, & en dernieres nopces Louyſe de Colligny veſue de Charles Seigneur de Teligny ſœur de François de Colligny Comte de Chaſtillon, Admiral de Guyenne (duquel eſt ſorty Gaſpar 3. du Nom, Comte de Chaſtillon, Mareſchal de France) & de Charles Marquis d'Andelot & de Colligny, Cheualier des 2. Ordres, Mareſchal des Camps & Armees de ſa Majeſté, Lieutenant general au Gouuernement de Champaigne : Elle portoit de l'alliance du Prince ſon mary, vn Eſcu eſcartelé au 1. quartier de Naſſau qui eſt d'azur au Lyon d'or, armé & lampaſſé de gueules, l'Eſcu ſemé de billettes pareillement d'or au 2. de Catzenelebogen qui eſt d'or au Lyon de gueules, armé & lampaſſé d'azur au 3. de Vianen qui eſt de gueules à la face d'argent au 4. de Brunſuic qui eſt de gueules à 2. Lyons Leopardez d'or, armez & lampaſſez d'argent, & ſur le tout vn Eſcu eſcartelé au 1. & 4. de Chalon qui eſt de gueules à la bande d'or au 2. & 3. d'Orenge qui eſt d'or au cor d'azur lié & virollé de gueules, chargé ſur le tout de l'Eſcu de Geneue qui eſt blaſonné de 5. poincts d'or equipollez à 4. d'azur contreparty de Bourbon qui eſt d'azur à 3. fleurs de Lys d'or 2. & 1. & au baſton de gueules pery en cottice : Les Seigneurs de Naſſau portoient ſeulement d'antiquité de Naſſau eſcartelé de Vianen comme il ſe void aux vitres des Eſcholes des Cordeliers de Paris, où eſt repreſenté l'Eſcu de Iean Comte de Naſſau, qui eſpouſa Marie de Loon pere de Guillaume, qui eſpouſa Iulienne Comteſſe de Stolberg, pere & mere de Guillaume Prince d'Orenge, de Iean, Louys, Adolph, & Henry de Naſſau, & ayeuls du Prince Philippes Guillaume, cy-deſſus, lequel fut fait Cheualier par le Roy d'Eſpaigne Philippes 2. & qui lors de ſon decez inſtitua le Comte Maurice de Naſſau ſon frere, heritier abſolu de ſes biens, lequel reduit à ſemblable extrémité l'an 1625. inſtitua de la meſme maniere Henry-Frederic de Naſſau ſon frere puiſné.

Elle expira à Muret le 10. Ianuier l'an 1619. & le Prince ſon mary deceda à Bruxelles le 20. Feurier l'an 1618. par l'imprudence d'vn ſien domeſtique, ils giſent à Dieſt.

 1. Marie

116

1. **M**Arie de Bourbon fille vnicque de François de Bourbon Prince de Conty, & Louyse de Lorraine Princesse de Chasteau-regnault, sa vefue doüairiere, portoit vn Escu escartelé au 1. & 4. quartier de Bourbon qui est d'azur à 3. fleurs de Lys d'or & au baston de gueules pery en cottice au 2. & 3. d'Alençonqui est d'azur à 3. fleurs de Lys d'or & à la bordure de gueules cha gee de 8. bezans d'argent.

Elle deceda le 27. Mars l'an 610. & son corps gist en l'Abbaye de S. Germain des prés à Paris.

2. **N**Icolas de Bourbon Abbé de la Coustume & Prieur de Grammont, fils naturel de Fran-çois de Bourbon Prince de Conty porte vn Escu escartelé au 1. & 4. quartier de Bourbon au 2. & 3. d'Alençon cy-dessus au baston de gueules pery en bande commençant au costé senestre de l'Escu, & brochant sur le tout.

3. **L**Ouys de Bourbon Comte de Soissons, de Dreux, Chasteau-chinon & Noyers, Baron de Blandy, Baugey, & Chasteau du Loir, Pair & grand Maistre de France, Cheualier des 2. Ordres du Roy, Gouuerneur & Lieutenant general pour sa Majesté en Dauphiné, fils vnicque de Charles de Bourbon Comte de Soissons, & d'Anne Comtesse de Montaffié, porte pour Armoiries de Bourbon qui est d'azur à 3. fleurs de Lys d'or 2. & 1. au baston de gueules pery en cottice & à la bordure de mesmes: Les antiennes Armes de Soissons estoient d'or au Leopard Lyonné de gueules; autres disent d'or au Lyon de gueules telles que les portoit Raul Comte de Soissons.

Il fut fait Cheualier par le Roy Louys 13. le dernier iour de l'an 1619. au dernier Chapitre assemblé aux Augustins le à Paris.

4. **L**Ouyse de Bourbon fille aisnee de Charles de Bourbon Comte de Soissons, & d'Anne Comtesse de Montaffié espousa le 29. May l'an 1617. Henry d'Orleans 2. du Nom Duc de Longueuille & d'Estouteuille, Pair de France, Comte souuerain de Neufchastel & de Valengin en Suisse de Dunois, de Chaumont & Tancaruille, Connestable & Chambellan hereditaire de Normandie, Baron de Bricquebec & Hambie, Seigneur de Monstr'œul Bellay, Voüant & Meruant, Gouuerneur & Lieutenant general pour le Roy au mesme Duché de Normandie (desquels est descendu vne fille) fils vnicque de Henry d'Orleans 1. du Nom, Duc de Longuille, Prince

Mmm ij　　　　　de Chastellaillon

de Chastellaillon Baron de Parthenay, Cheualier des 2. Ordres du Roy, Gouuerneur & Lieutenant general pour le Roy en Picardie & Boulonnois, & de Catherine de Gonzague de Cleues sœur
de Charles de Gonzague de Cleues Duc de Neuers, Pair de France, Prince de Porcean & du S.
Empire, Souuerain de Charleuille, Marquis d'Isles & de S. Florentin, Seigneur de Chimerais &
de Richechourt, & de Henriette femme de Henry de Lorraine Duc de Mayenne & d'Aiguillon,
Cheualier des 2. Ordres, Gouuerneur & Lieutenant general en Guyenne, la sœur duquel Catherine de Lorraine espousa Charles Duc de Neuers, presentement remarqué pere & mere de Charles Duc de Rhetelois, & de Ferdinand maintenant Duc de Mayenne: Il fut premierement pourueu du Gouuernement de Picardie, & du depuis de celuy de Normandie: Madame la Duchesse sa
femme porte l'Escu d'Orleans-Longueuille qui est d'azur à 3. fleurs de Lys d'or 2. & 1. au lambeau
d'argent de 3. pieces en chef & au bastõ de gueules pery en cottice cõtreparty de Bourbõ Soissons
qui est pareillement d'azur à 3. fleurs de Lys d'or 2. & 1. au baston dé gueules aussi pery en cottice
& à la bordure de mesme couleur. Ceste charge de Connestable & Chambellan de Normandie
est annexee au Comté de Tancaruille, lequel passa en la Maison d'Orleans-Longueuille, par l'alliance de Iean d'Orleans (deuenu Comte de Dunois & de Longueuille, par donation du Roy
Charles 7. duquel il estoit grand Chambellan & Lieutenant general en toutes ses Armees) auec
Marie de Harcourt fille & heritiere de Iacques de Harcourt Comte de Tancaruille; & de Montgommery & de Marguerite de Melun Dame de Parthenay, Vouuaut & Meruaut son Espouse; Et
quant à la souueraineté de Neufchastel & autres Seigneuries scituees en Suisse, elles ont esté anne-
xees à ceste illustre Maison par l'entremise du Mariage d'entre Louys d'Orleans 1. du Nom, Duc
de Longueuille & Ieanne de Hochberg Comtesse souueraine de Neufchastel & de Valengin,
Dame d'Aurec, Bures, Aire & Enceberg en Hainaut: & le Duché d'Estouteuille, Comté de
Chaumont & Baronnies en dependantes ont esté acquises aux Seigneurs Ducs de Longueuille, par
l'alliance cy-deuant declaree d'entre Leonor d'Orleans Duc de Longueuille & Marie de Bourbon
Comtesse de S. Paul & Duchesse d'Estouteuille, fille & heritiere de François de Bourbon Comte
de S. Paul, & d'Adrienne Duchesse d'Estouteuille de l'antienne Maison d'Estouteuille, Seigneurs
de Vallemont, de laquelle estoit descendu Robert d'Estouteuille Seigneur de Vallemont, duquel
& de Marguerite Dame de Hottot, sortit Robert 2. du Nom, Seigneur de Vallemont & de
Hottot, qui espousa Marguerite de Montmorency fille de Charles Baron de Montmorency, Seigneur d'Escoüen, d'Anuille, Argenton, Vitry & Chaumont, Gouuerneur de Picardie & Chambellan du Roy, desquels descendit Iean Seigneur d'Estouteuille, Vallemont, Briquebec & Hottot, qui delaissa de Marguerite de Harcourt 5. fille de Iean 3. du Nom Comte de Harcourt, & de
Catherine de Bourbon 4. fille de Pierre 1 du Nom Duc de Bourbon, & d'Isabelle de Valois;
Louys Seigneur d'Estouteuille & Vallemont, qui espousa Ieanne Paynel de l'antienne Maison
de Paynel en Normandie, renommée és Prouinces d'Italie, qui porte pour Armes d'azur à la
croix pleine d'argent cantonnee de 20. croisettes d'or, pere & mere de Michel pere de Iacques &
ayeul de Iean Seigneur d'Estouteuille & de Vallemont: Les antiquitez desquels Seigneurs se remarquent en l'Abbaye de Vallemont qu'ils ont fondee & dotee, de laquelle est de present Abbé
messire Guillaume Helie, Conseiller & Aumosnier du Roy, Protonotaire Apostolique & Vicaire general de l'Archeuesché de Roüen; Guillaume Cardinal d'Estouteuille Archeuesque de
Roüen & Primat de Normandie, estoit frere puisné de Louys & Marguerite d'Estouteuille qui
espousa Roger Seigneur de Breauté, estoit sœur de Robert 2. Seigneur de Vallemont & de Hottot
cy-dessus, de la posterité desquels, estoit Roger 3. Vicomte de Breauté & Seigneur de Hottot qui
espousa Henriette de Harlay, fille de Nicolas de Harlay Baron de Sancy, & sœur d'Achilles Seigneur de Sancy de la Congregation des Peres de l'Oratoire de IESVS, cy-deuant Ambassadeur
pour sa Majesté en Constantinople, de Henry Baron de Molle, de Charlotte qui auoit espousé
Charles de Neufuille Seigneur d'Alincourt, Cheualier des 2. Ordres du Roy, Gouuerneur de
Lyon, Lyonnois, Beaujolois & Forests (fils de Nicolas de Neufuille, Seigneur de Villeroy, Conseiller du Roy en ses Conseils, Secretaire de ses Commandemens & grand Thresorier de ses Ordres) lors veuf de Catherine de Mandelot, fille & heritiere de François de Mandelot Seigneur de
Passy-lerné, Vicomte de Chalon, Gouuerneur de Lyonnois, duquel 1. mariage il eut 2. filles (l'vne
mariee à Iean de Souuré Marquis de Courtenuaux, Cheualier des 2. Ordres du Roy, & premier
Gentilhomme de sa Chambre & l'autre à Pierre Bruslard, Vicomte de Puisieux, Comte
de Sillery, Conseiller du Roy en ses Conseils d'Estat & priué, qui du depuis a espousé Marie d'E-
stampes sœur de Iacques d'Estampes, Seigneur de Valencey, Cheualier des 2. Ordres, & Lieute-

N nn

nant Colonel

nant Colonel , de la Caüallerie legere de France , & de Leonor d'Estampes Conseiller d'Estat, Euesque de Chartres) & du 2. 5. fils , sçauoir , Nicolas Marquis de Villeroy, qui a espousé Magdaleine de Crequi, fille de Charles Seigneur de Crequi, Prince de Poix, Comte de Sault & de Canaples, Cheualier des 2. Ordres du Roy Mareschal de France , fils d'Antoine Seigneur de Crequi, descendu de Gilbert de Blanchefort , Seigneur de S. Ianurin & Baron de S. Seuer (de mesme descente que Guy de Blanchefort , Grand Maistre de Rhodes qui succeda à son oncle Pierre d'Aubuisson , lequel deffendit valeureusement l'Isle de Rhodes contre l'effort des Turcs) qui espousa Marie de Crecqui , à cause de laquelle il prist le nom & les Armes de Crequi , en suitte du decez d'Antoine Seigneur & Cardinal de Crequi , Euesque d'Amiens son frere , enfans de Iean 8. du Nom , & de Marie d'Assigny de l'antienne Maison d'Assigny en Bretaigne , de laquelle estoit Beatrix d'Assigny de la branche de la Roche-jagu , Comtes de Granbois , mere de René de Marec Seigneur de Montbarrot , Cheualier & Gouuerneur de Rennes , de Marie femme de Michel de Moreul Seigneur du Fresnoy en Picardie , & d'Helene femme de Iacques de Moreau Seigneur de sueillet , desquels est sortie Marie de Moreau femme de Messire Antoine de Valory Seigneur d'Estilly & de Chastelaison , Gentilhomme ordinaire de la Chambre du Roy: Henry de Neufuille Comte de Bury , est le 2. fils du Seigneur d'Alincourt , Charles Cheualier de Malte , Pierre Abbé de Laisné , & Iacques Abbé de sainct Vuandrille sont les autres puisnez , la 3. fille nommee Catherine de Harlay , espousa Louys de Moüy Seigneur de la Mailleraye , Gouuerneur du Bailliage d'Auge , fils aisné de Iacques de Moüy Seigneur de Pierecourt, Cheualier des 2. Ordres, & de Françoise de Beteuille frere puisné de Iean Seigneur de la Mailleraye , Cheualier des mesmes Ordres , Vice-Admiral , General de France , & Lieutenant general au Gouuernement de Normandie , enfans de Charles de Moüy Seigneur de la Mailleraye , & de Charlotte de Dreux Princesse de la Maison de France 3. fils de Iacques Barõ de Moüy, & de Iacqueline d'Estouteuille: Nicolas Baron de Sancy chef de la 2. branche de Harlay (auoit pour freres puisnez, Nicolas Seigneur de Monglat, Cheualier de l'Ordre du Roy , & premier Maistre d'Hostel de sa Majesté, Charles Seigneur de S. Aubin & Antoine Cheualier de Malthe) du Nom & Armes , de laquelle Maison estoit chef Christophle Comte de Beaumont fils d'Achilles Seigneur de Harlay , Conseiller du Roy en ses Conseils d'Estat & priué , Cheualier & premier president en sa Court de Parlement de Paris , frere aisné de Christophle Seigneur de Dollot : Henry de Harlay Seigneur de Cezy pere de Nicolas Comte de Cezy , de present Ambassadeur pour sa Majesté en Constantinople , estoit chef de la 3. branche , & auoit pour freres Achilles Seigneur de S. Quentin Capitaine des Gardes du Corps de sa Majesté , & Iacques de Harlay Seigneur de Chanualon , pere de 2. fils , sçauoir, d'Achilles , Marquis de Breual , & de Messire François de Harlay Conseiller d'Estat, Archeuesque de Roüen , Primat de Normandie & Abbé de S. Victor , qu'il a eus de Catherine de la March, 4. fille de Robert de la March , Duc de Büillon , Mareschal de France , & de Françoise de Breaé Comtesse de Mauleurier & sœur de Henry Robert de la March Duc de Büillon , Mareschal de France (qui de Françoise de Bourbon laissa Henry-Guillaume Duc de Büillon , Iean de la March & Charlotte Duchesse de Büillon , qui espousa Henry de la Tour Vicomte de Tureine, Mareschal de France) & de Charles de la March Comte de Mauleurier , Cheualier des 2. Ordres du Roy, duquel & d'Antoinette de la Tour , sont sortis Henry Comte de la March, Louys Marquis de Molny , Cheualier des 2. Ordres , premier Capitaine des Gardes du Corps de sa Majesté , premier Escuyer de la Royne , & Gouuerneur de Caën ; Charles Comte de Braine & Alexandre Abbé dudit lieu Françoise (issuë du premier lict) femme de Henry Pinard , Vicomte de Comblisy , a laissé 2. filles , l'aisnee mariee à Iacques Seigneur de Rouuille , Chauigny & Grainuille Comte de Clinchamp , la puisnee à Charles de Prunelay Vidame d'Esneual en Normandie Gazeran & Herbaut fils d'André de Prunelay 2. du Nom , Seigneur de Herbaut, Macheninuille & Beau-verger, descendu de René , François & Guillaume , successiuement Seigneurs d'Herbaut , & Marie autre fille du Seigneur Comte de Mauleurier , espousa Iean Seigneur de Pressin en Dauphiné , les sœurs aisnees de Catherine de la March , estoient Antoinette 1. femme de Henry Duc de Montmorency , Cheualier des 2. Ordres , Pair & Connestable de France , duquel Mariage sont descenduës 2. filles , sçauoir , Charlotte Comtesse d'Alais , femme de Charles de Valois Duc d'Angoulesme , Pair de France , Comte d'Auuergne , de Ponthieu & de Lauragais , Cheualier des 2. Ordres du Roy , & Colonel de la Caualerie legere de France , pere & mere de Charles Comte d'Alais , & Marguerite de Montmorency Dame de Lers , femme d'Anne de Leuis Duc de Vantadour , Pair de France , Cheualier des 2. Ordres du Roy , Lieutenant gene-

ral au Gouuernement de Languedoc , fils de Gilbert Duc de Ventadour , & de Catherine de
Montmorency; Diane qui espousa 1. Iacques de Cleues Duc de Neuers, Pair de France en 2. nopces
Henry Comte de Clermont, pere & mere de Henry Comte de Tonnerre , & en 3. Georges Henry Babou Seigneur de la Bourdaissiere Comte de Sagonne & Cheualier des 2 Ordres du Roy , &
Françoise femme de Iean de Luxembourg Comte de Brienne (frere aisné de François de Luxembourg Duc de de Piney, Pair de France, Cheualier des 2. Ordres du Roy , pere de Henry , &
d'Antoinette femme de René Potier Comte de Tresmes , Cheualier des 2. Ordres , Capitaine de
la premiere compagnie des Gardes du Corps , Gouuerneur de Chaalons , & Lieutenant general
pour sa Majesté au Gouuernement de Champaigne) desquels descendirent 1 fils & 2. filles , sçauoir , Charles Comte de Brienne , Diane 1. femme de Louys Comte de Carmen , & en 2 nopces,
de Iust de Pontallier Baron de Pleurs , & Louyse espouse de Bernard de Beon Seigneur du Masses,
& de Moyaux , Cheualier de l'Ordre du Roy.

5. Marie de Bourbon 2. fille de Charles de Bourbon Comte de Soissons, & d'Anne Comtesse de Montassié, espousa le 6. iour de Ianuier l'an 1615. à Paris , Thomas François de
Sauoye Prince de Carignan & de Sauoye , Cheualier de l'Ordre de l'Annonciade , dernier des fils
de Charles-Emanüel Duc de Sauoye , & de Catherine d'Espaigne frere puisné de Victor-Amedee
Prince de Piedmont , & de Maurice-Emanuel Cardinal de Sauoye : Elle porte de l'alliance du
Prince son mary , l'Escu de la Maison de Sauoye qui est escartelé au 1. & 4. quartier de pourpre
(ou de gueules selon les autres) au Cheual gay effrayé & contourné d'argent qui est de Saxe,
l'antien, party & facé d'or & de sable de 6. pieces à la Couronne fleuretee de sinople perie en bande qui est de Saxe le moderne & à la pointe de ces 2. Escus est enté celuy d'Angrie posé en triangle,
qui est d'argent à 3. bouterolles d'espée de gueules , 1. & 2. au 2. quartier d'argent au Lyon de sable , armé & lampassé d'or , l'Escu semé de billettes pareillement de sable qui est de Chablais au 3.
de sable au Lyon d'argent , armé & lampassé de sinople qui est d'Aoeste , & sur le tout de Sauoye
qui est de gueules à la croix pleine d'argent l'Escu brisé d'vne bordure d'or , contreparty de Bourbon-Soissons qui est d'azur à 3. fleurs de Lys d'or & au baston de gueules pery en cottice & à la
bordure de mesme couleur. Henry de Sauoye Duc de Nemours & de Chartres , Pair de France,
Comte de Gisors , pere de 2. fils , sçauoir de François-Paule Prince de Geneuois , & de N. de Sauoye Duc d'Aumale , porte pareil Escu que le Prince de Carignan cy-dessus , brizé d'vne bordure
engressée d'azur.

1. CHarlotte-Anne de Bourbon 3. fille de Charles de Bourbon Comte de Soissons, & d'Anne Comtesse de Montaffié, portoit de Bourbon-Soissons, cy-dessus.

Elle deceda en Octobre l'an 1623.

2. ELizabeth de Bourbon 4. fille de Charles de Bourbon Comte de Soissons, & d'Anne Comtesse de Montaffié portoit de Bourbon-Soissons cy-dessus remarqué.

Elle mourut en Septembre l'an 1612.

3. CHarlotte de Bourbon Abbesse de Maubuisson, fille naturelle de Charles de Bourbon Comte de Soissons, porte d'azur à 3. fleurs de Lys d'or à la bordure de gueules & au baston d'argent pery en bande commençant au costé senestre de l'Escu.

4. CAatherine de Bourbon autre fille naturelle de Charles de Bourbon Comte de Soissons, porte comme sa sœur cy-dessus : Elle est destinee pour estre Religieuse.

5. MArie de Bourbon Duchesse de Montpensier de Chastellerault & S. Fergeau, Souueraine de Dombes, Princesse de la Roche-suryon, Dauphine d'Auuergne, Marquise de Mesieres, Comtesse de Mortaing, Vicomtesse d'Auge & de Brosse, Baronne de Beaujolois, Thiert, Escolle, Montagu & Combraille, Dame de Champigny, Damfront, Crauant & Argenton, Princesse du sang de la derniere branche de Bourbon, fille vnicque & heritiere de Henry de Bourbon Duc de Montpensier, & de Henriette-Catherine Duchesse de Ioyeuse & Dame de S. Didier, porte pour Armoiries de Bourbon-Montpensier qui est d'azur à 3. fleurs de Lys d'or 2. & 1. le baston de gueules pery en cottice chargé d'vn Croissant d'argent pour brizeure.

6. MOnsieur le Duc de Chasteau-roux fils de Henry de Bourbon 2. du Nom, Prince de Condé & de Charlotte-Marguerite de Montmorency, porte de Bourbon qui est d'azur à 3. fleurs de Lys d'or & au baston de gueules pery en cottice, & n'a receu le nom Baptismal ; Le Marquisat de Chasteau-roux fut erigé en Duché & Pairrie pour le Prince son pere, par le Roy Louys 13. en May 1616. dont la verification s'ensuiit le 3. Aoust de la mesme annee.

O oo ij   1. Anne

1. ANnne de Bourbon fille de Henry de Bourbon 2. du Nom , Prince de Condé , & de Charlotte-Marguerite de Montmorency , porte de Bourbon.

2. LOuys de Bourbon & de Vendosme , Duc de Mercœur, Pair de France, fils aisné de Cesar de Bourbon Duc de Vendosme , & de Françoise de Lorraine Duchesse de Mercœur, porte pour Armoiries de Bourbô-Vendosme, & retient pour surnom principal celuy de l'appanage de Vendosme , suiuant la declaration du Roy Henry 4. faicte en May 1609.

3. FRançois de Bourbon & de Vendosme Prince de Martigues , 2. fils de Cesar de Bourbon Duc de Vendosme , & de Françoise de Lorraine Duchesse de Mercœur, porte de Bourbon-Vendosme l'Escu brizé d'vne bordure de gueules. Ces mesmes Armes sans brizeure sont portees par le Comte de Virolé, fils puisné de Charles Duc d'Elbeuf, Pair de France & Comte de l'Isle-bonne , & de Henriette de Vendosme au 2. & 3. quartier de son Escu.

4. ISabelle de Bourbon & de Vendosme , fille de Cesar de Bourbon Duc de Vendosme , & de Françoise de Lorraine Duchesse de Mercœur, porte d'azur à 3. fleurs de Lys d'or 2. & 1. & au baton de gueules pery en cottice chargé de 3. Lyons d'argent qui est l'Escu de Bourbon-Vendosme.

F I N.

Ppp

EXCVSE AV LECTEVR.

AMY Lectevr, si tu poinctilles contre l'ordre de cette entreprise, voulant sçauoir pourquoy l'Autheur a employé quelques Genealogies & Blasons independants de la suitte de l'Histoire des Armes de Bourbon & de ses alliances : Il te respondra en se iustifiant, qu'il a pretendu complaire à ceux qui ont souhaitté marcher sous l'estendart des fleurs de Lys; d'autre part ta plume suppleant aux deffauts qui se rencontreront, tant à l'essence du discours qu'en l'Imprimerie : Tu te donneras le contentement esperé. Adieu.

AD AVTHOREM.

SVNT quos velle iuuat, sunt & quos posse titillant
    Ardua, nec visi laude carere sua
  Te quem scribentem melior fortuna secundat
Magnum Borbonicæ Stemmata gentis opus.
Ardua cum facias, laudandum monstrat euentus
  Te potuisse simul te voluisse simul.

AVGVSTINVS LE PETIT
Dominus de Canon.